SIMPLE & LIGHT

박노준
PATTERN 영어

심플하고 라이트하게 모든 문제를 패턴으로

노빠꾸
합격노트

이 책의 차례

PART 1 문법

Chapter 1 동사 ················· 004
Chapter 2 준동사 ··············· 012
Chapter 3 종속절 ··············· 015
Chapter 4 병치, 나열 & 도치 ···· 019
Chapter 5 명사 & 대명사 ········ 021
Chapter 6 형용사 & 부사 ········ 023
Chapter 7 가정법 / 조동사 ······ 025
Chapter 8 기타 중요 빈출 표현 ·· 028

PART 2 어휘 & 생활영어

Chapter 1 우선순위로 정리한 빈출 어휘 ····· 032
Chapter 2 생활영어 ············· 072

PART 3 독해

Chapter 1 주제, 제목, 요지, 주장 ············ 080
Chapter 2 빈칸, 순서, 삽입, 내용일치 ······· 118

PART 1

문법

- **Chapter 1** 동사
- **Chapter 2** 준동사
- **Chapter 3** 종속절
- **Chapter 4** 병치, 나열 & 도치
- **Chapter 5** 명사 & 대명사
- **Chapter 6** 형용사 & 부사
- **Chapter 7** 가정법 / 조동사
- **Chapter 8** 기타 중요 빈출 표현

동사

Pattern 1 · 동사 자리 or not?

Point 동사 자리가 아니면 준동사로!

Example ❶

> I got someone carry the box for me.
>   ↳ to carry

해설 get 동사의 목적격 보어 자리 to R, 동사 자리 아님!

Example ❷

> it has a built-in need to create order out of the constant flow of information comes from its sensory organs.
>   ↳ coming

해설 앞에 본동사 has a built가 있음, 동사 자리 아님!

Pattern 2 · 주어-동사 수일치

Point
- 주어 뒤 수식어 가려낼 것
- 주격 관계대명사절 내의 동사는 선행사에 수일치
- 명사구, 절 단수 취급
- there + be 수일치

🔍 핵심 파악하기

① 주어 S ─ (관계사절)
        ─ (전명구)
        ─ (to R 형용사적 용법)
        ─ (V-ing / V-ed 분사)

동사 V
반드시 주어(S)에 수일치!

② N   (That + 동사 V +)
(선행사)   주격 관계대명사   반드시 선행사(N)에 수일치!

Example ③

Moreover, the use of pattern books meet the criteria for reading.
↳ meets

해설) 주어 the use가 단수이므로, 단수동사를 쓴다.

Example ④

There are also weekly news magazines, which reports on a number of topics.
↳ report

해설) 선행사 news magazines가 복수명사이므로 주격 관계절 안의 동사도 복수로 쓴다.

Example ⑤

Some people think that the central dichotomy in life is whether you're positive or negative about the issues that interests or concerns you.
↳ interest

해설) 앞의 선행사 the issues가 복수이므로 주격 관계절 안의 동사도 복수로 쓴다.

Example ⑥

Determining parts of speech are nothing more than determining the function a particular word has in a sentence.
↳ is

해설) 명사구 Determining parts of speech는 단수 취급한다.

Example ⑦

What happened to my lovely grandsons last summer were amazing.
was ↲

해설) 명사절 what happened to my lovely grandsons는 단수 취급한다.

Pattern 3 능동태 or 수동태?

Point 동사 뒤 목적어 명사의 유무에 따라 판단할 것
단, call, consider(V5) 주의!, 자동사 수동태 불가(disappear)

Example ⑧

> When accidents occur, most serious injuries and deaths caused by people being thrown from their seats.
> → are caused

(해설) cause가 능동으로 쓰이면 뒤에 목적어 명사가 와야 한다.

Example ⑨

> By some estimates, deforestation has been resulted in the loss of as much as eighty percent of the natural forests of the world.
> → has resulted in

(해설) result는 무조건 1형식 동사로, 절대 수동태는 불가하다.

Example ⑩

> According to this definition, the Iliad and the Odyssey, the Koran, and the Old and New Testaments can all refer to as myths.
> → be referred to

(해설) <refer to, look upon, think of + A as B>에서 수동태로 바꿔야 refer to 뒤에 목적어가 없어진다.

- 'A + be referred to, be looked upon, be thought of + as B'에서 전치사 뒤에 as가 바로 붙어있는 것을 주의할 것!

Pattern 4 시제

Point 과거 시제, 현재완료 시제가 중점, 한 문장 안에 동사가 두 개이면 시제 비교할 것

🔍 핵심 파악하기

① 과거시제 + 과거시간부사
  : – ago, last –, in + 과거년도, when + 과거동사
② 현재완료시제 + 시간부사
  : since + 과거(–이래로 쭉), for + 시간(–동안), recently, (in) these days
③ just now, ago, when, yesterday는 현재완료와 함께 쓸 수 없다.

Example ⑪

Her husband had been killed many years ago.
→ was killed

해설) ago는 무조건 과거동사와 결합한다.

Example ⑫

There have been about 69,000 speakers of Gaelic in Scotland
→ were
in 1991, according to that year's census.

해설) <in+과거동사>는 무조건 과거동사와 결합한다.

Example ⑬

I have been doing this work ever since I retire.
→ retired

해설) 주절의 현재완료동사와 결합하는 since 안의 시제는 반드시 과거이다.

Example ⑭

The hotel was closed for many years, so people can not stay
→ has been closed
at the hotel now.

해설) 과거시제도 가능하지만, 후속 내용이 현재에도 투숙할 수 없다는 내용이기에 현재완료가 적절하다.

Example 15

Hardly did she enter the house when someone turned on the light.
　　　↳ had

해설　'-하자마자, 곧 -하다'의 표현은 '-하자마자'를 대과거(had+PP)로 표현하고, hardly가 부정어로 문두로 나와서 도치된 것 체크할 것

🔍 핵심 파악하기

'-하자마자 곧 -하다'
1. S + had + hardly(scarcely) + PP, when(before) S' + V'ed
   → Hardly had + S + PP(도치), when(before) S' + V'ed
2. S + had + no sooner + PP, than S' + V'ed
   → No sooner had + S + PP(도치), than S' + V'ed

Pattern 5 — 중요 1, 2형식 동사

Point
① S + V1 + 부사(형용사 ×), 부사구(전명구)
② S + V2 + C(명사, 형용사) - 절대 부사 금지

Example 16

The police are very unwilling to interfere family problems.
　　　　　　　　　　　　　　　　　　　　↳ interfere in

해설　interfere는 1형식 동사로, 뒤에 <전 + 명구>(부사구)의 형태가 와야 한다.
● interfere in, object to, look at, account for, graduate from

Example 17

The population of the world has increased more significant
　　　　　　　　　　　　　　　　　　　　　　　　significantly ↲
in modern times than in all other ages of history combined.

해설　increase가 1형식 동사로 쓰였으므로, 뒤에 부사가 와야 한다.

Example ⑱

The processes involved in the creation of the universe remain mysteriously to astronomers.
↳ mysterious

[해설] remain이 2형식 동사로, 뒤에 보어(형용사)가 와야 한다.

○ stay, remain, keep grow, appear, seem

Example ⑲

The death by electrocution and by injection sounds absurdly and incongruous with modern society.
↳ absurd

[해설] sound는 2형식 감각동사로, 뒤에 보어(형용사)가 와야 한다.

Pattern 6 중요 3형식 동사

Point S + V3 + 목적어(전 + 목적어 금지)

Example ⑳

She reached at the mountain summit with her 16-year-old friend on Sunday.
↳ reached

[해설] reach는 3형식 동사로, 뒤에 목적어(명사)가 바로 와야 한다.

○ reach, resemble, address, obey, explain, announce, introduce

Example ㉑

She closely resembles with her mother.
↳ resembles

[해설] resemble은 3형식 동사로, 뒤에 목적어(명사)가 바로 와야 한다.

Example ㉒

My aunt didn't remember to meet her at the party.
→ meeting

해설 과거에 일어난 일은 R-ing 목적어로 써야 한다.

○ forget, remember + to R(미래) / R-ing(과거)

TIP regret + to R : 'to R하게 되어 유감이다'

Pattern 7 5형식 동사의 중요 목적격 보어 형태

Point
- 각 5형식 동사에 맞는 목적격 보어 형태
- 능동 / 수동 구분 필수

Example ㉓

He heard her praise by other friends.
→ praised

해설 지각동사 heard의 목적어와의 관계가 수동이고, praise 뒤에 목적어가 없으므로 PP 형태가 적절하다.

○ see, hear, notice, watch + O + R, V-ing(능동) / PP(수동)

Example ㉔

There wasn't anything he could do to make the flu to go away.
go away →

해설 사역동사 make의 목적어 the flu와의 관계가 능동이고, 자동사이므로 동사원형이 적절하다.

○ make, have, let + O + R(능동) / PP(수동)

Example ㉕

The police man was keeping the door locking.
→ locked

해설 5형식 동사 keep의 목적어 the door와의 관계가 수동이고, lock 뒤에 목적어 명사가 없으므로 PP가 적절하다.

○ find, keep, leave + O + 형용사, V-ing(능동) / PP(수동)

Example 26

Tommy's poor health forced him retire as a baseball player.
↳ to retire

해설 5형식 동사 keep의 목적어 뒤에는 목적격보어로 to R가 와야 한다.

○ force, cause, require, enable, allow, advise + O + to R(능동) / to be PP(수동)

Example 27

I think you should get your blood pressure checking.
↳ checked

🔍 **핵심 파악하기**
- 5형식 동사 get(시키다) + O + to R(능동) / PP(수동)
- 3형식 동사 call, consider + that절(목적어)
- 5형식 동사 call, consider + 명사(목적어) + (as, to be) 명사, 형용사

Pattern 8 그 외 빈출 동사 및 표현

Point
- used to(조동사) + R
- be used to R
- be used to + R-ing

Example 28

They used to loving books much more when they were younger.
↳ love

해설 be used to R – 하기 위하여 사용되어지다
used to R (과거에) – 하곤 했었다
be used to R-ing – 하는데 익숙해지다(= be accustomed to R-ing)

Example 29

Please turn them off when you leave the office. (O)

해설 타동사와 부사 사이에 them의 대명사 목적어 자리로 적절하다.

○ 타동사 + 대명사 목적어 + 부사

준동사

Pattern 1 동사 자리 or not?

Point 본동사가 있으면 준동사 그대로 쓰고, 본동사가 없으면 동사로 바꿀 것

Example ❶

Globalization was the key issue discussing in the conference.
→ discussed

해설 명사 issue를 뒤에서 수식, discuss 뒤에 목적어 명사가 없으므로 PP 형태가 와야 한다.

Pattern 2 일반분사의 명사 수식할 때 V-ing / V-ed

Point
- 명사를 앞에서 수식할 때는 해석
- 뒤에서 수식할 때는 분사 뒤 명사 목적어 유무

Example ❷

It has a built-in need to create order out of the constant flow of information coming from its sensory organs. (O)

해설 본동사 has가 있어서 coming이 준동사로 쓰인 것이 타당하다.

Example ❸

The country is a small one with the three quarters of the land surrounding by the sea.
→ surrounded

해설 the land를 뒤에서 수식, surround 뒤 목적어 명사가 없으므로 PP가 와야 한다.

Pattern 3 · 감정분사의 be동사 뒤 보어 자리 V-ing / V-ed

Point 주어가 사물일 때 V-ing, 주어가 사람일 때 V-ed

Example ④

> I climbed down the ladder, feeling very embarrassing
> → **embarrassed**

(해설) feeling 이하 분사구문의 주어가 I(사람)이고, 2형식 동사 feel의 보어 자리이므로 PP가 와야 한다.

○ interesting / interested, satisfying / satisfied, boring / bored, exciting / excited, tiring / tired

Pattern 4 · with + N + V-ing / V-ed

Point 앞에 있는 N와의 관계에 따라 능동이면 V-ing, 수동이면 V-ed
동사의 성질에 따라 분사 뒤에 목적어 유무로 판단

Example ⑤

> With an eye bandaging, I could not write properly.
> → **bandaged**

(해설) bandage 뒤에 목적어가 없으므로 PP가 와야 한다.

Pattern 5 · 준동사 관련 빈출 표현

Point 빈출 표현 그대로를 확인하는 영작, T/F 문제에서 등장

Example ⑥

> I am busy to prepare for a trip to Europe.
> → **(in) preparing**

(해설) be busy + (in, with) R-ing : R-ing 하느라 바쁘다

Example ❼

> The homeless usually have great difficulty g̲e̲t̲ a job, so they are losing their hope.
> ↳ **(in) getting**

해설 have difficulty(trouble, a hard time) + (in) R-ing : R-ing 하는데 어려움을 겪다

Example ❽

> I never see her w̲i̲t̲h̲ ̲b̲e̲i̲n̲g̲ ̲r̲e̲m̲i̲n̲d̲e̲d̲ of my mother.
> ↳ **without being reminded**

해설 never(cannot) – without R-ing : –하면 반드시 R-ing하다
● 이중부정

Example ❾

> I think they'll arrive e̲n̲o̲u̲g̲h̲ early to see the performance.
> ↳ **early enough to see**

해설 형용사, 부사 뒤에 enough는 후치 수식! 뒤에 붙는 to R도 부사적 용법으로, 생략이 가능하다.

● 형용사, 부사 + enough + to R

🔍 **핵심 파악하기**

- look forward to + R-ing : –을 고대하다
- keep + 목적어 + from R-ing : –을 못하게 하다, 금지시키다
- What do you say to~ing? : ~하는 것이 어때?
- when it comes to –ing : ~에 대해 말하자면
- spend + 시간/돈 + (in) R-ing : –하는데 시간/돈을 쓰다.
- cannot help + R-ing = cannot but VR = have no choice but to VR
  : '–하지 않을 수 없다'
- on + R-ing + 주절 : –하자마자

Chapter 3. 종속절

Pattern 1 종속절 어순은 (주어) + 동사

Point <동사 + 주어> 어순으로 오면 무조건 틀림!

Example ①

I don't know how do I love her.
↳ how I love her

해설) know의 목적어로 how가 명사절로 쓰이고, 안에 <주어 + 동사> 어순으로 쓰였다.

Pattern 2 that(명사절, 형용사절) VS what(명사절)

Point
- 명사절(+ 완전), 형용사절(+ 불완전), 부사절(so-that 구문)
- 전치사 + that절 (X)
- in that(-라는 점에서) : 부사절

Example ②

What a husband understands a wife does not mean they are
↳ That
necessarily compatible.

해설) does not mean 동사 앞의 what절은 주어, 안에 불완전한 절이 와야 하는데 완전한 절이 있으므로 명사절 that(+ 완전)이 타당하다.

◯ 명사절 "that + 완전 vs what + 불완전"

Example ③

> What the adult smoking rate is gradually dropping is not good
>   ↳ That
> news.

(해설) is not good의 is 동사 앞의 what절은 주어, 안에 불완전한 절이 와야 하는데 완전한 절이 있으므로 명사절 that(+ 완전)이 타당하다.

Example ④

> I would, therefore, recommend Mrs. Ferrer for the post what
> you advertise.   That ↲

(해설) what절은 명사절이므로 the post(명사) 뒤에 쓸 수 없다. 명사 뒤에서 불완전한 절이 선행사를 수식하는 that이 타당하다(which도 가능).

○ 형용사절(관계사절) : N(that + 불완전)

Example ⑤

> All what is needed is a continuous supply of food and water.
>   ↳ That

(해설) what절은 명사절이므로 all(명사) 뒤에 쓸 수 없다. 명사 뒤에서 불완전한 절이 선행사를 수식하는 that이 타당하다.

🔍 **핵심 파악하기**

해석에 주의해야 할 'what'
- what S' + be : S'의 모습/상태
- what S' + have : S'의 가진 것/재산
- what is better : 더욱더 좋은 것은
- what is worse : 더욱더 안좋은 것은
- A is to B what C is to D : A와 B의 관계는 C와 D의 관계와 같다

Pattern 3 — Which+불완전 / 전치사+which+완전 / when, where, why, how+완전

Point 전치사 + which의 전치사는 신경 쓸 필요 없다.

Example 6

> Tom moved to Chicago, which he worked for Louis Sullivan.
> └→ 전 + which / where

해설 which절 뒤가 완전하므로, 전 + which(= where)가 타당하다.

Example 7

> She wants to rent the apartment of which she saw last Sunday.
> └→ which

해설 of which 뒤에 saw의 목적어가 없는 불완전한 절이므로, of를 삭제해야 한다.

Pattern 4 — 명사절 whether / if '–인지 아닌지'

Point
① whether는 주어, 목적어, 보어, 전치사 + whether 가능
② if는 오직 동사의 목적어 자리만!

Example 8

> I will let you know that I can accompany you on our walk.
> └→ whether, if

해설 '–인지 아닌지'의 해석은 whether, if를 써야 한다.

Example 9

> If he will come or not is not certain.
> └→ whether

해설 주어 자리에 쓸 수 있는 '~인지 아닌지'는 whether만 가능하다.

Pattern 5 기타 기출 & 빈출 종속절

Point <동사 + 주어> 어순으로 오면 무조건 틀림

Example ⑩

- A gift card will be given to whomever completes the questionnaire.
  → whoever
- I will lend this book to whomever wants to read it.
  → whoever

(해설) '-ever'가 붙어도 who, whom 안의 불완전은 똑같다.

○ who/whoever + 불완전(주어 X), whom/whomever + 불완전(목적어 X)

Example ⑪

New York's Christmas is featured in many movies while this time of year.
→ during

○ 부사절 접속사 + 완전한 절 vs 전치사 + 명사
because, while, (al)though + 완전한 절 vs because of, during, despite + 명사

Example ⑫

Poorly as she is, she is honest and diligent.
→ poor

(해설) as 안에 is의 보어 자리가 앞으로 이동. 부사가 아닌 형용사를 써야 한다.

○ 보어, 동사, 부사 + as S' + …(- 에도 불구하고)

Example ⑬

There are a lot of online games, most of them have organized fights.
→ which

(해설) 한 문장 안에 동사가 두 개인데, are와 have organized 사이에는 접속사 기능이 없는 대명사를 쓸 수 없다. 관계대명사(접속사 + 대명사) which가 적절하다.

○ 한 문장 안에서 동사 두 개 사이에 대명사(×) → 관계대명사

Chapter 4. 병치, 나열 & 도치

Pattern 1 밑줄 앞에 접속사 있으면? 무조건 병치

Point
- either A or B
- neither A nor B
- not only A but also B
- B as well as A
+ 동사는 B에 수일치

Example ❶

Soon there will be something new for the tourist who has been everywhere and see everything on Earth.
↳ seen

해설 밑줄 앞에 접속사 and가 있으면 병치이다. has been과 병치되어서 (had) seen이 맞다.

Example ❷

You need not worry about changing dollars to pounds or to reserve a hotel.
↳ reserving

해설 밑줄 앞에 접속사 or가 있으면 병치이다. changing과 병치되어서 reserving이 맞다.

Example ❸

Linguistics shares with other sciences a concern to be objective, systematic, consistency and explicit in its account of language.
↳ consistent

해설 A, B, C, and D가 모두 형용사로 병치되어야 한다.

Example ❹

It was not her refusal but her rude that perplexed him.
↳ rudeness

해설 <not A but B>에서 A와 B는 병치되어야 한다. <It ~ that> 강조구문에서 주어 강조이므로 명사가 와야 한다.

Pattern 2 도치

Point 도치 후 V + S의 수일치 주의

🔍 핵심 파악하기

1. 부정어 문두, V + S (수일치 주의)
2. Only 부사(구, 절)문두, V + S (수일치 주의)
   장소의 전명구 문두, V + S (수일치 주의)
3. 앞 문장 긍정, and so V + S. (-도 역시 ~하다)
   - 앞 문장이 be동사, 조동사 and so V (be동사, 조동사) + S
   - 앞 문장이 일반동사 and so V (do, does, did) + S
4. 앞 문장 부정, and neither V + S. / nor V + S. (-도 역시 아니다)
   - 앞 문장이 be동사, 조동사 and so V(be동사, 조동사) + S
   - 앞 문장이 일반동사 and so V (do, does, did) + S

Example ⑤

Only after the meeting he recognized the seriousness of the financial crisis.
→ did he recognize

해설 'only + 부사'가 문두에 있어서 주절의 주어, 동사는 도치된다. recognized가 일반동사이므로 시제에 맞춰서 did he recognize가 타당하다.

Example ⑥

Not only they send home substantial earnings, but they also saved money.
→ did they send

해설 'Not only(부정어)'가 문두에 있어서 주절의 주어, 동사는 도치된다. send가 일반동사이므로 시제에 맞춰서 did they send가 타당하다.

Example ⑦

Bill wasn't happy about the delay, nor I was.
→ was I

해설 nor는 부정의 접속사이므로, 뒤의 <주어 + 동사>는 병치되어야 한다.

명사 & 대명사

Pattern 1 대명사

Point
1. 앞 명사 단수/복수 체크
2. 재귀대명사
3. 관계대명사(대명사 절대 불가)

Example 1

The traffic of a big city is busier than those of a small city.
↳ that

해설) 앞의 명사 the traffic이 단수 이므로 that이 맞다.

○ 비교대상의 일치는 무조건 that(앞 명사 단수), those(앞 명사 복수)

Example 2

His experience at the hospital was worse than hers. (O)

해설) 비교대상이 his experience와 her experience이므로 hers 소유대명사는 타당하다.

Example 3

Human beings quickly adapt themselves to the environment.

해설) 주어 human beings = themselves가 성립하므로 재귀대명사는 타당하다.

○ 재귀대명사 −self/−selves : 같은 절 안에서 주어 = 목적어

Pattern 2   무조건 불가산 명사

Point
- information, furniture, money, advice, equipment
- a/an + N(X), 복수형(X), a few, few, many로 수식할 수 없음
- 조수사 주의

Example 4

They will keep their customers' personal <u>informations</u> private.
                                                       ↳ information

(해설) information은 무조건 불가산 명사로 a/an이나 복수형을 붙일 수 없다.

Example 5

According to a recent report, <u>the number of</u> sugar that Americans
                                       ↳ the amount of
consume does not vary significantly from year to year.

(해설) sugar는 셀 수 없는 명사이고, 문맥상 '–양'이라는 의미가 쓰여야 한다.

형용사 & 부사

Pattern 1 자리와 형태(+ly O, X) 판단

Point 동사의 성질과 문장의 형식으로 자리 판단

Example 1

You might think that just eating a lot of vegetables will keep you perfect healthy.
↳ perfectly

해설 keep 동사가 5형식 동사로 쓰여서 목적어 뒤 healthy라는 형용사를 목적격 보어로 쓰고 있으므로 형용사를 수식하려면 부사가 타당하다.

Example 2

She would like to be financial independent.
↳ financially

해설 be동사와 형용사 independent 사이에 들어갈 수 있는 것은 부사 자리이다.

Pattern 2 수량 형용사

Point
1 many, both, few, a few + 가산복수 명사
2 much, little, a little + 불가산단수 명사

Example 3

Of the billions of stars in the galaxy, how much are able to hatch life?
↳ how many

해설 앞에 Of the billions of stars로 가산의 복수 명사로 세고 있고, 뒤에도 are를 복수 동사로 받았으므로 much가 아닌 many가 적절하다.

Example ④

My sister was upset last night because she had to do <u>too many</u> homeworks.   **too much homework**

해설 homework는 불가산 명사여서 much로 수식해야 한다.

> 🔍 **핵심 파악하기**
> - too <u>much</u>(형용사) + 명사 : 너무 '많은'
>   ex too much water
> - <u>much</u>(부사) too + 형용사/부사 : '엄청 – 한'
>   ex much too hot

Pattern 3   **very와 much**

Point
1. very + 형용사, 부사 원급 vs much + 형용사, 부사 비교급, 최상급
2. very good / well vs much better / the best

*much = still, even, (by) far

Example ⑤

Jessica is a <u>much</u> careless person who makes little effort to
             ↳ very
improve her knowledge.

해설 '형용사의 원급'은 very로 수식한다.

가정법 / 조동사

Pattern 1 | If 가정법

Point 가정법 과거 / 가정법 과거완료 / 혼합가정의 틀 고정!

🔍 핵심 파악하기

1. 가정법 과거 : 'If S' + 과거동사(were), S + 과거조동사 + R' (현재사실 반대)
2. 가정법 과거완료 : 'If S' + had pp, S + 과거조동사 + have pp' (과거사실 반대)
3. 혼합 가정 : 'If S' + had pp + (과거시간부사), S + 과거조동사 + R + (현재시간부사)

Example ①

If she has been at home yesterday, I have visited her.
         ↳ had been   ↳ would have visited

해설 if절 안의 yesterday(어제)로 보아 '과거사실의 반대'로 가정법 과거완료로 if절을 쓰고 그에 맞게 주절의 동사 또한 <과거조동사 + have PP>를 써야 한다.

Example ②

If I had taken your advice then, I am happier now.
                                      ↳ would be

해설 if 절에 then, 주절에 now로 보아 혼합가정법이다. if절에 가정법 과거완료형태 had taken이 있으므로 주절에는 가정법 과거의 주절 '과거조동사 + 동사원형'이 적절하다.

Pattern 2 · If 가정법에서 if의 생략

Point 'If 생략 후 주어 + 동사 도치' – had, were가 문두에 있으면 가정법 if 생략 후 도치!

🔍 핵심 파악하기

1. If S + were → Were + S ~
2. If S + had PP → Had + S + PP ~
3. If S + should PP → Should + S + PP

Example ③

> Was it not for water, all living creatures on earth would be
> └→ were
> extinct.

해설 if it were not for ~ '-이 없다면'에서 if 생략 후 도치한 형태이다. 가정법에서 be동사는 무조건 were를 쓴다.

Example ④

> Should you change your mind, no one blames you.
> └→ would blame

해설 가정법 미래에서 if를 생략하고 도치한 문장이다. 원래 문장은 'if you should change ~'이다.

Pattern 3 should

Point
1 주장, 제안, 요구, 명령, 권유 동사/명사 + that + S' + (should) R
2 should have + PP '과거 사실에 대한 후회, 유감'

🔍 **핵심 파악하기**
- 동사 : suggest, insist, require, recommend, request, demand, order, urge, desire
- 명사 : suggestion, instruction, recommendation, order, requirement, demand

Example ⑤

The minister insisted that a bridge was constructed over the river to solve the traffic problem.
↳ (should) be

해설 앞에 insist로 보아 that절 안의 동사는 (should) be consructed가 적절하다.

Example ⑥

This rule has become quite out of date; it would have been abolished a long time ago.
should have been abolished ↩

해설 '(과거에) – 했어야만 했는데 (그러나 하지 못했다)'는 'should have PP'로 쓴다.

Chapter 8 기타 중요 빈출 표현

Pattern 1 — as 형용사/부사 원급 as + 비교대상

Point 첫 번째 as를 없애고 그 앞과 문법적으로 연결되는 형용사 혹은 부사를 고를 것

Example ①
Business has never been as better as it is now.
↳ good

해설 as – as 사이에는 형용사, 부사의 원급만 위치한다.

Example ②
In some countries this proportion is as highly as two thirds of all road traffic deaths.
↳ high

해설 첫 번째 as 앞에 있는 is와 연결되는 형태는 부사가 아니라 형용사이다.

Pattern 2 — <the + -er, the + -er>

Point -하면 할수록, 더욱더 -하다

Example ③
The older you grow, the difficult it becomes to learn a foreign language.
↳ the more difficult

해설 <the + -er> 비교급은 적어도 두 개 이상 같이 쓰인다.

Example ④
The more they attempted to explain their mistakes, the worst their story sounded.
↳ the worse

해설 <the + -er> 비교급은 적어도 두 개 이상 같이 쓰인다.

Pattern 3 — another와 other

Point: another + 단수 명사 vs other + 복수 명사(= others)

Example 5

> Another coats will suit you better.
> └→ Another coat

(해설) another는 뒤에 단수 명사를 수식한다.

Example 6

> Other thing being equal, I would choose her.
> └→ Other things

(해설) other는 뒤에 복수 명사를 수식한다.

Pattern 4 — 가주어와 가목적어

Point:
- 가주어(It) – 진주어(to R / that절)
- 가목적어(it) – 진목적어(to R / that절)

Example 7

> It would be difficult imaging life without the beauty and richness of forests.
> └→ to image

(해설) <가주어 it> 뒤에 진주어는 to R와 명사절(주로 that)이 가능하다.

Example 8

> It rarely happens what this disease proves fatal.
> └→ that

(해설) 가주어 it 뒤에 진주어는 to R와 명사절(주로 that)이 가능한데, what 뒤에 완전한 절이 와서 that이 적절하다.

Example ⑨

I made a rule to call him two or three times a month.
↳ make it a rule to call

해설 가목적어 it, 목적격 보어 a rule 뒤에 to call이 진목적어로, to 부정사 목적어가 길어서 뒤로 간 형태이다. 따라서 가목적어 it을 써야 한다.

Example ⑩

Two factors have made scientists difficult to determine the
↳ made it difficult for scientist to determine
number of species on Earth.

해설 made 뒤 it 가목적어, difficult가 목적격 보어 to determine 이하가 진목적어로 뒤에 있고, to determine의 주체가 scientists이므로 의미상의 주어 for scientist를 to determine 앞에 쓴다.

 Pattern 5   <rob, deprive, rid, remove, cure> + A + of B

Point 타동사 + A + of B: A에게서 B를 강탈, 제거, 치료하다

Example ⑪

- We can rid ourselves our suspiciousness only by procuring more knowledge.
  ↳ rid ourselves of our suspiciousness
- Mr. Alastair's crime has deprived him his freedom of movement.
  ↳ deprived him of his freedom

30　PART 1 문법

PART 2

어휘 & 생활영어

Chapter 1 우선순위로 정리한 빈출 어휘
Chapter 2 생활영어

Chapter 1 우선순위로 정리한 빈출 어휘

Pattern 1

Point 문맥 없는 어휘 문제는 없다, 단어의 긍정적인 혹은 부정적인 뉘앙스를 최대한 활용

Example 1

> This year a dry spell that has struck much of North China has wreaked havoc on the harvest of corn.
>
> ① record ② good crop
> ③ destruction ④ improvement

해설 '해를 끼치다'는 의미의 wreak을 안다면 havoc의 의미 또한 부정적이라는 것을 알 수 있다. ②와 ④는 긍정적인 의미의 단어이므로 답이 될 수 없고, ①은 긍정적이지도 부정적이지도 않은 단어이다. 부정의 의미를 갖는 단어는 ③밖에 없다. 따라서 정답은 ③이다.

Pattern 2

Point 보기 속에서 동의어 / 반의어를 찾는다.

Example 2

> Mike Anderson overlooked many weaknesses when he inspected the factory in his perfunctory manner.
>
> ① superficial ② thoughtful
> ③ scrupulous ④ complete and careful

해설 ②, ③, ④가 모두 동의어이다. 따라서 정답은 ①이 될 수밖에 없다.

Example ❸

He felt relaxed and fit after his holiday.

① healthy   ② fatigued
③ tired   ④ worthy

해설   반의시 반의어일 필요는 없다. 의미상 대조되는 말이면 충분하다. 반의어가 있다면 보통은 그 반의어 중 하나가 답이 된다. ①와 ②은 의미상 반의어에 가깝다. 따라서 ①와 ② 중 하나가 답이라고 추측해 볼 수 있다. 그런데 ②와 ③은 동의어이므로 ②은 답이 될 수 없다. 따라서 정답은 ①이다.

Pattern 3

Point   접두어, 어근, 접미사에 대한 알고 있는 지식을 총동원한다.

Example ❹

upervisors must be vigilant when it comes to safety. They must continually educate workers.

① watchful   ② indolent
③ drowsy   ④ imprudent

해설   부정적인 의미와 긍정적인 의미를 구분해야 한다. 일단 in/im과 같은 접두어는 un과 마찬가지로 not의 의미를 갖는다고 볼 수 있다. 따라서 ②와 ④는 부정적인 의미라고 추측할 수 있다. 또한 ③의 'drowsy(졸리는)'도 부정적인 의미이다. 따라서 정답은 ①이다.

Pattern 4 : (콜론) / ;(세미콜론)은 무조건 단서!

Point 콜론이나, 세미콜론 앞뒤 문장 A, B의 관계는 '동격, 재진술' 혹은 '예시'

Example 5

Doing things by halves is <u>not important</u> ; it may be the other half that counts.

① sensible   ② valuable
③ poetic   ④ worthless

해설 문장 마지막의 count(중요하다)가 정답을 찾는 데 단서가 된다. count와 의미상 대조 관계를 이루는 '중요하지 않다'라는 부정적인 의미의 단어가 정답일 것이다. 또한 ② valuable(귀중한)과 ④ worthless(가치없는)는 서로 반의어인데 valuable은 ① sensible(현명한, 지각 있는)과 함께 긍정적 의미를 지니고 있으므로 답이 될 수 없다. 따라서 정답은 ④가 된다.

빈칸-순서-삽입-삭제 / 주제, 제목 / 단어 빈칸, 밑줄 / 영어보기 우선 순위

001	**vulnerable**	상처 입기 쉬운, 공격 받기 쉬운; 취약한[to](= susceptible, weak) • vulnerability 상처[비난]받기 쉬움, 취약성 • invulnerable 공격할 수 없는
002	**mandatory**	강제의, 의무의, 필수의(= compulsory, obligatory); 명령의, 위임의
003	**depend**	의존하다; 신뢰하다[on](= count on, turn to, rely on); ~에 좌우되다 • dependable 신뢰할 수 있는, 의지할 수 있는(= reliable)
004	**lucrative**	이익이 있는, 수지맞는(= profitable, well-paying); 유리한 • profitable 이익이 되는, 벌이가 되는, 유익한
005	**account**	설명하다; 비율을 차지하다; 책임을 지다[for]; 이야기, 계정, 설명 • accountable 책임이 있는 • accountant 회계원, 공인회계사
006	**punctuality**	시간 엄수, 지체하지 않음(= being on time) • punctual 시간을 잘 지키는, ~에 늦지 않는(= on time)
007	**substantial**	상당한, 많은(= considerable); 실재하는, 중요한; 물질의 • substantially 상당히, 대폭적으로(= greatly)
008	**unpredictable**	예측할 수 없는(= unforeseeable) • predictable 예측할 수 있는 • predictability 예측 가능성
009	**candid**	솔직한, 숨김없는, 거리낌 없는(= frank, forthright) • candor 솔직, 정직(= honesty, frankness); 공평, 공명정대
010	**dormant**	휴면 상태의, 잠자는(= inactive); (능력이) 잠재하는(= latent)

| 011 **ambiguous** | 모호한(= uncertain); 두 가지 뜻으로 쓸 수 있는(= equivocal)
• ambiguity 애매모호함, 다의성
• unambiguous 모호하지 않은, 명확한 |
|---|---|
| 012 **obscure** | 모호한(= hidden); 알려지지 않은(= hidden, unknown)
• obscurity 불분명; 모호 |
| 013 **precarious** | 불확실한, 운에 맡기는(= unstable, insecure, uncertain); 위험한(= hazardous)
• precariously 불확실하게, 불안하게(= insecurely) |
| 014 **scrutinize** | 세밀히 조사하다, 철저히 검사하다(= examine) |
| 015 **futile** | (행동 등이) 효과 없는; 무익한(= vain, useless, unsuccessful)
• futility 헛됨, 무익, 무용; 공허; 무익한 행동 |
| 016 **thrive** | 번성하다(= prosper, flourish);
(사람/동식물이) 잘 자라다; 성공하다
• thrift 절약, 검약
• thrifty 검약하는, 아끼는; 번성하는; 무성한 |
| 017 **paralyze** | 마비시키다; 무력하게 만들다(= disable)
• paralysis 무기력(= loss of power of action); 마비; 중풍 |
| 018 **discrimination** | 구별, 식별(력); 차별, 차별 대우(= differentiation)
• discriminating 구별할 수 있는; 식별력이 있는(= discerning)
• discriminate 구별하다; 차별하다 |
| 019 **negligible** | 무시해도 좋은; 하찮은, 사소한(= slight, small)
• neglect 게을리 하다; 간과하다(= disregard)
• negligent 태만한, 부주의한(= careless) |
| 020 **benevolent** | 인자한, 자비로운, 인정 많은
(= kindly, benign, charitable, generous)
• benevolence 자비심, 인정; 선행 |
| 021 **hinder** | 방해하다, 저지하다
(= block, retard, thwart, obstruct, impede, deter) |

022	**affect**	~에 영향을 미치다(= have an effect on, cut across) • affection 애정, 질병 • affecting 감동시키는(= moving)
023	**effect**	결과, 영향(= consequence, impact); • have an effect on ~에 영향을 미치다(= affect) • effective 효과적인, 유능한
024	**obsolete**	시대에 뒤떨어진, 구식의(= outmoded, outdated, out of date) • obsolesce 쇠퇴하다, 시대에 뒤떨어지다 • obsolescence 쇠퇴, 노폐(화), 노후
025	**indigenous**	(물건이나 병이) 지역 고유의; 토착의(= native, endemic); 타고난 • ingenious 재간이 있는, 독창적인
026	**dispose**	~하는 경향이 있다; (문제를) 처리하다(= settle); 처분하다[of](= get rid of) • disposition 성질, 경향(= temper, temperament) • at one's disposal 마음대로 사용할 수 있는
027	**term**	말, 용어; 말씨, 어구; 기간, 기한; 임기; 조건; 협약; 관계, 사이 • in terms of ~의 관점으로 • technical terms 전문용어
028	**tangible**	손으로 만질 수 있는; 유형의(= substantial); (사실·근거 등이) 명백한(= concrete) • intangible 손으로 만질 수 없는; 무형의
029	**versatile**	다재다능한, 다용도의(= many-sided, all-round) • versatility 융통성, 다재다능
030	**exhaust**	(자원 등을) 고갈시키다(= drain, use up); <수동> 몹시 지치다 • exhausting 지치게 하는 • exhaustively 철저하게(= thoroughly, without omission)
031	**gregarious**	사교적인(= sociable); 떼 지어 사는, 군거성의
032	**alleviate**	(고통을) 완화시키다, 경감하다 (= assuage, mitigate, lessen, allay, relieve) • alleviation 경감, 완화

033	**anonymous**	작자불명의, 신원불명의(= unidentified, unknown) • anonymity 익명, 무명, 정체불명 • anonymously 익명으로
034	**chronic**	고질적인, 만성적인(= persistent, continuous) • chronically 만성적으로 • chronicle 연대기(일어난 시간 순으로 기록한 것)
035	**comply**	따르다, 응하다[with] (= obey, observe, act in harmony with, conform to) • compliance 유순(= acquiescence); 응낙, 수락 • compliant 유순한(= docile, obedient)
036	**inadvertently**	아무 생각 없이, 무심코; 우연히 (= accidentally, unintentionally, unwittingly) • inadvertent 고의가 아닌(= unintentional); 부주의한(= thoughtless)
037	**compound**	복합의, 합성의(= synthetic); 혼합물; 혼합하다 • component 구성 요소, 성분(= ingredient, element, part)
038	**eradicate**	뿌리째 뽑다, 박멸하다, 근절하다 (= get rid of, remove, destroy, exterminate) • eradication 근절, 박멸; 소거
039	**reiterate**	(행위, 말, 요구를) 되풀이하다, 반복하다(= repeat) • reiterant 되풀이하는, 반복하는 • iterate 되풀이하다, 반복하다(= repeat)
040	**innate**	(성질 등을) 타고난, 천부의, 선천적인(= inborn, natural) • inborn 타고난(= innate) • ingrained (습관 등이) 깊이 배어든, 뿌리 깊은, 타고난
041	**apathetic**	무감각한, 냉담한, 관심이 없는(= uninvolved, indifferent to) • apathy 냉담, 무관심(= indifference)
042	**indifferent**	무관심한, 냉담한[to] (= unconcerned, uninterested, nonchalant); 중요치 않은 • indifference 무관심, 냉담; 무차별

| 043 | **homogeneous** | 같은 종류의 것으로 된, 동종의, 균질의 (= similar, same kind, identical) |

| 044 | **diversity** | 다양성; (a ~) 여러 가지, 잡다(= variety)
• diverse 다양한(= heterogeneous, different) |

| 045 | **beneficial** | 유익한, 유리한, 유용한(= salutary)
• beneficent 자선심이 많은, 인정 많은; 이익이 되는
• beneficiary 수익자 |

| 046 | **emit** | (가스·냄새·소리 등을) 내뿜다, 방출하다(= give off, spew)
• emission 방사, 발산, 방출 |

| 047 | **biased** | 편향된, 치우친(= weighted, partial, predisposed)
• 편견을 지닌(= predisposed)
• bias 선입견, 편견 |

| 048 | **impartial** | 치우치지 않은, 편견이 없는; 공평한(= fair, unbiased, equitable)
• impartiality 공평무사, 공명정대 |

| 049 | **susceptible** | (영향을) 받기 쉬운[to](= vulnerable);
~을 할 여지가 있는[to](= liable to)
• susceptibility (병에) 걸리기 쉬움; 예민, 민감 |

| 050 | **alternative** | 양자택일; 대안(= other choice); 양자택일인, 선택적인
• alternate 교대로 일어나다; 번갈아하다(= interchange)
• alternation 교대 |

| 051 | **alter** | 바꾸다, 고치다(= change, shift, modify)
• alteration 변경, 개조, 수정(= shift, renovation) |

| 052 | **altruistic** | 자신보다 남을 위하는, 이타적인(= unselfish, selfless)
• altruist 애타주의자
• altruism 이타주의, 애타주의(= generosity) |

| 053 | **ban** | 금지하다(= prohibit, forbid, proscribe);
금지(= prohibition, embargo) |

| 054 | **fallacious** | 그릇된; 허위의; 논리적 오류가 있는(= faulty);
현혹시키는(= misleading)
• fallacy 그릇된 생각(신념); 오류, 착오 |

055	**elaborate**	정성 들인; 정교한(= sophisticated); 복잡한(= complicated); 상세히 말하다 • elaborative 공[정성]들인, 정교한, 고심한
056	**precipitate**	촉진시키다(= accelerate); 서두르다 • precipitation 투하; 촉진; 강우(량)(= rainfall)
057	**intrepid**	용맹한, 대담한(= courageous, fearless, daring, dauntless) • trepid 소심한, 겁이 많은
058	**enigma**	수수께끼, 불가사의한 것이나 사람(= mystery, puzzle) • enigmatic 수수께끼 같은, 불가사의한(= mysterious, puzzling)
059	**disseminate**	흩뿌리다; 퍼뜨리다(= disperse, spread, distribute) • dissemination 씨 뿌리기, 유포; 보급
060	**lenient**	(처벌 등이) 너그러운, 관대한(= merciful, generous, mild) • leniently 너그럽게(= mercifully, mildly)
061	**intimidate**	협박하다(= threaten); 위협하여 ~을 ~하게 하다(= frighten) • intimidation 위협, 협박(= threat)
062	**notorious**	(나쁜 의미로) 유명한, 악명 높은(= infamous) • infamous 악명 높은, 악랄한
063	**affable**	사귀기 쉬운, 붙임성 있는, 상냥한(= agreeable) • affability 상냥함, 온화한 태도(= friendliness, geniality) • affably 우아하게, 상냥하게(= graciously)
064	**curtail**	(일정 등을) 짧게 줄이다, 단축하다(= shorten, reduce); (비용을) 삭감하다 • curtailment 단축, 삭감
065	**detrimental**	손해를 입히는, 불이익의; 해로운(= harmful, damaging) • detriment 손실, 손해, 상해; 유해물, 손해의 원인(= damage, injury)
066	**innocuous**	해가 없는, 독이 없는, 악의가 없는(= harmless) • nocuous 유해한, 유독한 • noxious 유해[유독]한(= harmful, deleterious); 불건전한

067	**havoc**	(대규모의) 파괴, 황폐(= destruction, devastation, damage); 대혼란 • wreak[wreck] havoc on / make havoc of / play[work, create] havoc with ~을 파괴·혼란시키다
068	**abuse**	악용·남용하다(= misuse); 남용; 학대; 악습 • abusage (말의) 남용, 오용
069	**temporary**	일시적인, 덧없는(= transitory); 임시의(= tentative, provisional) • temporarily 일시적으로, 임시로
070	**transient**	일시의, 잠깐 머무르는; 덧없는 (= temporary, ephemeral, transitory) • transition 변천, 변화 • transit 운송, 운반
071	**ephemeral**	순식간의, 덧없는(= transient, fleeting); 명이 짧은(= short-lived) • ephemerally 덧없이, 순식간에
072	**ubiquitous**	어디에나 있는 (= widely used, pervasive, widespread, omnipresent) • ubiquity 도처에 있음
073	**inactive**	활동하지 않는; 휴지의(= dormant, inert) • inactivity 무활동, 비활성 • active 활동적, 활발한 • activate 활성화시키다, 작동시키다
074	**inquisitive**	탐구적인, 호기심이 강한(= curious); 캐묻기 좋아하는 • inquire 묻다; 조사하다(= ask, investigate) • inquiry 연구; 조사, 취조; 질문, 조회
075	**incompatible**	양립할 수 없는, 모순된 (= irreconcilable, not to be harmonized) • incompatibility 양립할 수 없음, 불친화성 • compatible 양립할 수 있는, 모순 없는(= consistent)
076	**disparity**	서로 다름, 상이, 차이; 불균형, 불일치(= difference) • disparate (본질적으로) 다른(= different)

077 suppress
억압[진압]하다(= keep down); 억누르다(= check, bottle up)
- suppressive 억압하는, 억누르는; 은폐하는
- suppression 억압, 진압; 은폐

078 surpass
~보다 낫다, ~을 능가하다(= exceed, excel)
- surpassing 빼어난, 뛰어난
- unsurpassed 능가할 것이 없는, 비길 데 없는(= unrivalled)

079 oblivious
의식하지 못하는(= unconscious, unaware, insensible)
- oblivion 망각

080 unprecedented
전례가 없는(= unparalleled, unexampled)
- precedent 선례, (법) 판례(= guide); 이전의, 선행하는
- precede 앞서다; 먼저 일어나다

081 gullible
잘 속는; 속기 쉬운(= easily-deceived)
- gullibility 잘 속음
- gull 속이다

082 apprehend
이해하다(= understand); 체포하다(= arrest, seize); 염려하다(= worry (about))
- apprehension 염려; 체포; 이해

083 complex
복합의, 복잡한, 뒤얽힌(= complicated, sophisticated); 복합체, 복합건물
- complexity 복잡, 착잡, 복잡한 것(= complication)

084 tenacious
고집이 센; 집요한(= stubborn, persistent, determined);
- tenacity 고집; 완고; 뛰어난 기억력
- stubborn 고집 센, 완고한, 다루기 힘든(= obstinate)

085 placate
(사람을) 달래다, 진정시키다
(= soothe, mollify, appease, comfort)
- placable 달래기 쉬운, 온화한
- implacable 달래기 어려운, 화해할 수 없는(= unyielding)

086 gratify
(사람을) 만족시키거나 기쁘게 하다(= satisfy, please)
- gratification 만족(감), 희열(= joy)
- gratified 만족한, 기뻐하는(= pleased)
- gratifying 만족을 주는

| 087 | **complacent** | 스스로 만족하여 안주하는(= satisfied, self-satisfied, smug)
• complacency 자기 만족; 만족을 주는 것
  (= contentment, self-satisfaction) |

| 088 | **trivial** | 하찮은, 사소한(= unimportant), 평범한
• triviality 하찮음, 평범, 진부
• trifling (양·금액 등이) 적은; 근소한; 시시한(= trivial) |

| 089 | **abundant** | 풍부한, 많은; (자원 등이) 풍족한(= plentiful, bountiful)
• abundance 풍부함, 유복함
• abound 풍부하다[in], (~로) 가득하다(= be plentiful) |

| 090 | **redundant** | 여분의; 불필요한(= superfluous, inessential); 말이 많은, 장황한
• redundancy 여분, 과잉; 쓸데없는 말 |

| 091 | **impromptu** | 즉석에서의, 즉흥적인
(= offhand, extemporaneous, unrehearsed); 임시변통의
• ad hoc 임시변통[임기응변]으로
  (= not planned in advance); 임시의, 특별한 |

| 092 | **improvise** | 즉석에서 하다, 임기응변으로 처리하다
(= extemporize, play it by ear)
• improvisation 즉석에서 한 것(즉흥시, 즉흥연주), 즉흥성 |

| 093 | **conventional** | 관습적인; 전통적인(= usual; traditional);
틀에 박힌, 평범한(= ordinary)
• conventionally 관례[인습]적으로; 진부하게 |

| 094 | **deviate** | 벗어나다, 일탈하다[from](= stray, depart);
빗나가게 하다(= deflect)
• deviation 벗어남, 일탈; 편차
• deviant 정상이 아닌 |

| 095 | **abandon** | 그만두다, 단념하다(= give up); 버리다,
유기하다(= desert, discard, forsake) |

| 096 | **relinquish** | 그만두다, 버리다(= give up, abandon, surrender)
• relinquishment 포기, 양도
• forsake 저버리다; 버리다(= leave) |

097	**abolish**	(법률·제도 등을) 폐지하다 (= do away with, abrogate, eliminate, destroy) • abolition 폐지, 박멸
098	**exterminate**	(종족·질병·해충 따위를) 멸종시키다, 박멸하다 (= destroy, eradicate) • extermination 근절, 절멸
099	**eliminate**	제외하다(= rule out); 제거하다; 탈락시키다(= remove, get rid of, weed out) • elimination 제거, 제외; 실격, 탈락(= removing)
100	**defiant**	반항적인, 도전적인(= rebellious) • be defiant of ~을 무시하다 • defy 무시하다; 공공연히 반항하다(= disobey)
101	**spontaneous**	자발적인; 임의의(= voluntary) • spontaneously 자발적으로
102	**coerce**	강제하다, 위압하다, 강요하다(= compel) • coercion 강제, 위압
103	**dominate**	지배하다, 위압하다. 우위를 차지하다, 우세하다(= prevail) • dominance 우월, 우세(= supremacy) • dominion 지배권(= power), 주권 • dominant 우세한
104	**potent**	강력한; 영향력이 있는(= powerful); 효력이 있는(= efficacious) • potential 가능한; 잠재적인; 가능성, 잠재력 • potentiality 가능성; 잠재력(= possibility)
105	**specific**	명확한; 특정한(= certain, definite); 독특한(= particular) • specify 일일이 열거하다, 상술하다(= designate)
106	**unanimous**	만장[전원]일치의(= in full accord, by common consent) • unanimity (만장)일치, (전원)합의(= consensus) • unanimously 만장일치로
107	**complicated**	복잡한, 뒤섞인; 이해하기 어려운(= complex, intricate, elaborate) • complication 복잡; 합병증

108	**tranquility**	평온; 고요함, 정적(= calmness, peacefulness) • tranquil 고요한(= calm) • tranquilize 안정시키다(= calm down) • tranquilizer 진정제(= sedative)
109	**eligible**	적격의, 적임의[for]; 바람직한, 적합한(= qualified); 적임자, 적격자 • be eligible for ~에 적격이다
110	**feasible**	실행할 수 있는(= practicable, possible, viable); 그럴싸한(= plausible) • feasibility 실행할 수 있음, 가능성 • infeasible / unfeasible 실행 불가능한
111	**plausible**	(말·진술 등이) 그럴듯한, 그럴싸한(= probable, acceptable) • implausible 믿기 어려운, 그럴듯하지 않은(= unbelievable)
112	**inevitable**	피할 수 없는, 불가피한(= unavoidable); 필연적인 • evitable 피할 수 있는(= avoidable, eluctable, escapable)
113	**decline**	(정중히) 거절하다(= refuse); 쇠퇴하다(= wane); 하락하다; 퇴보, 하락(= lapse) • declining 기우는, 쇠퇴하는 • declination 기욺, 경사; 거절; 쇠퇴, 하락
114	**dwindle**	줄(이)다; 차츰 작아지다; 감소되다(시키다) (= diminish, decrease, wane)
115	**wane**	적어지다; 약해지다(= decline, dwindle, diminish); (달 등이) 이지러지다 • on the wane 줄어가는, 하락하는(= dwindling) ↔ on the wax 증가하는
116	**impair**	약화시키다; 해치다(= make worse, damage, undermine) • impairment 감손, 손상
117	**undermine**	(은밀하게 건강이나 명성을) 해치다 (= weaken, impair, destroy gradually)
118	**deteriorate**	나쁘게 하다; 악화시키다(= aggravate); 나빠지다, 타락하다(= become worse) • deterioration 악화, (가치의) 하락; 퇴보(= aggravation)

119	**erode**	침식하다; 좀먹다(= gradually wash away, wear away) • erosion 침식 • erosive 침식적인
120	**explicit**	명백한, 분명한(= clear); • explicate (문학 작품 따위를) 설명하다; 해명하다, 자세히 설명하다(= elucidate)
121	**compensate**	보상하다, 배상하다[for](= make up for); • compensation 배상, 보충(= payment)
122	**obesity**	비만, 비대(= extreme fatness) • obese 지나치게 살찐, 뚱뚱한(= overweight, corpulent)
123	**implicate**	연루시키다(= incriminate); 시사하다 • be implicated in ~에 연루되다 (= be involved in, be entangled in) • implication 연루; 함축, 암시
124	**elucidate**	명료하게 하다, 밝히다 (= explain, clarify, explicate, shed light on) • elucidation 명시, 설명, 해명(= explanation)
125	**equivocal**	두 가지 뜻으로 해석되는(= ambiguous, ambivalent), 모호한(= dubious) • equivocate 모호한 말을 쓰다, 얼버무리다 • equivocally 애매모호하게(= ambiguously)
126	**ambivalent**	반대 감정이 병존하는, 양면가치의(= contradictory); 애매한(= equivocal)
127	**equivalent**	동등한[to](= same, equal, synonymous); • the equivalent of ~와 같은, ~처럼(= the same as) • counterpart 사본, 흡사한 물건
128	**simultaneously**	동시에; 일제히(= concurrently, at the same time) • simultaneous 동시에 일어나는, 동의의(= concurrent)
129	**postpone**	연기하다, 뒤로 미루다(= put off)
130	**assiduous**	부지런한(= industrious)

131	**compelling**	흥미진진한; 설득력 있는(= interesting); 강제적인(= forceful, unavoidable) • compel ~시키다, 강요하다(= force)
132	**compulsory**	(법이나 규정 등에 의해) 강제된, 의무적인 (= mandatory, required) • compulsive 강제적인 • compulsively 강제적으로, 억지로(= irresistibly)
133	**destitute**	빈곤한, 극빈의, 궁핍한(= poor, impoverished); ~이 결핍한, 없는[of] • destitution 결핍 (상태); 빈곤, 궁핍(= privation)
134	**fluctuate**	(시세 등이) 오르내리다, 변동하다 (= move up and down, vary); 파동치다 • fluctuating 변동이 있는, 동요하는; 오르내리는 • fluctuation 변동, 오르내림, 파동; 동요; 흥망
135	**appease**	달래다, 진정시키다(= soothe, pacify, placate, mitigate)
136	**imply**	암시하다, 넌지시 비추다(= suggest); 뜻을 내포하다, 함축하다(= implicate) • implicit 함축적인, 암시적인; 내재하는, 잠재적인; (신념 따위가) 절대적인, 맹목적인
137	**acquit**	무죄라고 하다, (혐의를) 벗겨주다(= exonerate, absolve) • acquittal 무죄, 석방; 변제, 이행 • acquittance 채무 면제, 채무 변제 영수증
138	**obstinate**	완고한, 고집 센; 다루기 힘든(= stubborn, determined); • obstinacy 완고, 고집, 집요
139	**settle**	설치하다; 정주시키다; 해결하다(= make up) • settler (초기의) 정착민, 개척민; 조정인 • settlement 정착, 식민, 이민; 해결
140	**turmoil**	소란, 소동, 혼란 (= upheaval, confusion, commotion, disturbance)
141	**allude**	암시하다, (암시적으로) 언급하다[to](= insinuate, imply) • allusion 암시, 언급; 넌지시 하는 말

142 immune 면역성의[from](= not susceptible to, safe, resistant);
- immunization 면역조치, 예방주사
- immunity 면역(성)

143 persistent 끊임없이 지속되는; 만성의
(= perpetual, constant, incessant; chronic); 끈질긴
- persist 고집하다, 주장하다; 지속하다(= last, continue),

144 permanent 영속하는, (반)영구적인, 불변의
- permanently 영원히(= forever, for good)

145 sedentary 앉아 있는, 잘 앉는; 정착해 있는(= immobile, inactive)
- nomadic 유목의, 방랑의(= migratory)

146 comprehensive 포괄적인, 종합적인, 광범위한(= extensive, over-all, inclusive)
- comprehend (충분히) 이해하다; 포함하다
- comprehension 이해, 이해력; 포괄성

147 deter 방해하다(= hinder);
단념시키다, 억제하다(= discourage, dissuade)
- deterrent 억제하는; 억제책(= dissuasion, preventive measure)
- deterrence/determent 제지(물)

148 proliferate 급증[확산]하다[시키다]; 증식하다(= reproduce rapidly, multiply)
- proliferation 급증; 확산(= increase); (생물) 증식
- proliferous 증식하는, 증식성의

149 accessible 접근하기 쉬운(= within reach);
이용할 수 있는(= available); 이해하기 쉬운
- access 접근, 출입; 통로
- inaccessible 도달하기 어려운, 얻기 어려운

150 dismiss 해고하다(= lay off);
(생각 등을) 지우다(= put out of one's mind);
- dismissal / dismission 해산, 해고; 이혼; 기각

151 compromise 타협, 양보(= concession); 절충안; 타협시키다;
(명성 등을) 더럽히다
- compromising 명예를 손상시키는

152 impact 영향(력), 효과(= effect, influence); 강한 충격을 주다[on]

153	**segregate**	격리하다(시키다)(= isolate, set apart); 분리하다; 차별대우를 하다 • segregation 분리, 격리; 인종 차별(= separation) • segregative 인종 차별적인, 차별대우의
154	**concentrate**	(정신 등을) 집중하다[on](= focus on); 모으다;(= cluster) • concentration 집중, 전념
155	**lure**	유인하다; 유혹하다(= entice); 유인하는 것; 마음을 끄는 것(= attraction) • allure (미끼로) 꾀다; 유인하다; 매혹하다(= entice)
156	**irrelevant**	무관계한, 부적절한(= inappropriate, beside point, unrelated) • irrelevance 무관계, 부적절 • relevant (당면 문제에) 관련된; 적절한[to]
157	**legitimate**	합법적인, 적법의(= justifiable, legal); 합리적인, 이치에 맞는(= proper) • legitimacy 정통성, 정당성, 합법성; 적출 • illegitimate 불법의; 사생의; 사생아
158	**viable**	(계획 등이) 실행 가능한(= effective, feasible, workable); • viability 생존 능력; 생활력; 실행 가능성
159	**impractical**	(생각 등이) 실행할 수 없는, 비현실적인(= armchair) • impracticality 실행 불가능, 현실성이 없는 일 • practical 실제의(= down-to-earth); 실용적인
160	**variety**	다양성, 변화(가 많음)(= diversity); 여러 가지 • vary 바꾸다, 변경하다; 다르다 • variation 변화, 변동; 변종
161	**aggravate**	악화시키다(= deteriorate, worsen); 괴롭히다, 화나게 하다(= exacerbate) • aggravating 악화시키는(= deteriorating) • aggravation 악화, 심화, 화남(= deterioration)
162	**irritate**	화나게 하다, 짜증나게 하다(= annoy); 염증을 일으키다 • irritated 화가 난 • irritating 화나게 하는(= annoying) • irritable 화를 잘 내는

163	**furious**	성내어 날뛰는, 격노한(= angry); 격렬한; 사나운
		• fury 격노, 격분(= outrage)
		• infuriate 격노하게 하다, 격분시키다(= enrage)
164	**outrage**	격분, 분개(= anger); (폭행 등의) 잔인무도한 행위; 격분시키다
		• outrageous 난폭한, 모욕적인; 터무니없는, 엄청난; 멋진
165	**flourish**	(장사·사업 등이) 번창하다, 성공하다(= prosper, thrive, burgeon)
		• flourishing 무성한; 번영하는, 융성한
166	**fertile**	(토지가) 기름진, 비옥한; 다산의(= productive)
		• fertilizer 비료, (특히) 화학 비료
		• fertility 비옥, 다산, 풍부; 번식력; 출생률
167	**deficiency**	부족, 결핍; 부족분; 결손, 적자(= lack, shortage, dearth; red-ink)
		• deficient 부족한, 불충분한; 결함 있는 ↔ sufficient 충분한, 족한
		• deficit 결손; 적자; 결함
168	**fascinate**	(흥미로운 것이) 마음을 사로잡다, 매혹[매료]하다(= charm)
		• fascinating 대단히 흥미로운, 매력적인(= exciting)
		• fascination 매혹, 매료(= attraction)
169	**conservative**	보수적인, 보수주의의; 보수주의자
		• conserve 보존하다, 유지하다
		• conservation (자연·자원의) 보호; (에너지) 절약
170	**asset**	자산, 재산(= properties); 유용한 자질, 이점
		• property 재산, 자산, 소유물, 소유지
171	**avert**	피하다, 막다(= avoid, evade, prevent);
		(눈·생각 등을) 돌리다, 비키다
		• aversion 싫음, 혐오, 싫은 것[사람](= antipathy)
		• averse 싫어하는
172	**mutable**	변하기 쉬운(= changeable)
		• mutation 돌연변이; 변화, 변경
		• immutable 불변의, 변하지 않는(= unchangeable)
173	**promote**	증진[촉진]하다, 진척시키다(= put forward);
		장려하다; 승진시키다
		• promotion 승진, 진급; 촉진, 조장, 장려; 판매

| 174 **urgent** | 긴급한 처리를 요하는, 촉박한(= pressing)
• urgency 긴급
• urge 몰아대다, 재촉하다; 역설하다; 자극, 압박; 충동 (= drive) |

| 175 **agile** | (생각이나 동작이) 민첩한, 기민한, 재빠른 (= quick-moving, nimble)
• agility 민첩(성), 기민(= nimbleness) |

| 176 **collaborate** | 공동으로 일하다, 합작하다; 제휴하다(= work together, cooperate)
• collaborative 협동적인(= cooperative)
• collaboration 협동, 합작, 공동연구 |

| 177 **consume** | 소비하다, 다 써버리다(= use up); 먹다, 마시다
• consumption 소비, 소비량
• consumer 소비자, 수요자 |

| 178 **yield** | 산출하다; 양보하다, 굴복하다 (= give in (to), surrender, capitulate); 산출, 생산량
• give in (to) 항복하다, 양보하다
• bring in (이익·이자를) 가져오다 |

| 179 **discretion** | 분별력, 판단력(= judgment); 신중함, 사려; (자유)
• discreet 사려 있는, 신중한(= prudent); 예의 바른
• discreetly 조심스럽게, 신중히(= cautiously) |

| 180 **exclusive** | 유일의, 하나뿐이 없는(= sole); 독점적인
• exclusively 배타적으로, 오로지(= only)
• exclude 제외[배제]하다; 추방하다(= rule out) |

| 181 **extraneous** | 관계가 없는(= irrelevant); 외래의
• irrelevant (주제와) 무관계한, 엉뚱한, 부적절한[to] |

| 182 **prescription** | 처방(전); 처방약(= recipe); 규정, 명령, 지시
• prescribe 처방하다; 명령하다; 규정하다(= lay down)
• prescribed 규정된, 미리 정해진 |

| 183 **devastate** | 황폐화시키다(= ravage)
• devastating 황폐화시키는, 파괴하는; 압도적인 (= disastrous, damaging, destructive, ruinous) |

184	**appreciate**	사물을 바르게 평가하다(= justly value); 이해하다; 감상하다; 감사하다
185	**prevalent**	일반적으로 행하여지는, 유행하는 (= popular, widespread); 우세한 • prevalence 보급, 유포; 풍조, 유행
186	**induce**	권유하다; 설득하여 ~을 시키다(= persuade); 유발하다(= cause) • inducement 유도, 유인; 자극, 동기
187	**assess**	(재산·가치를) 평가하다, 사정[감정]하다(= appraise); 부과하다 • assessment 사정, 평가; 부과(= appraisal)
188	**contentious**	다투기 좋아하는 (= quarrelsome, controversial, argumentative) • contention 언쟁, 논쟁; 싸움, 다툼, 투쟁
189	**refute**	논박하다, 반박하다(= disprove) • refutation 논박, 반박; 반증(= rebuttal) • refutable 반박할 수 있는 ↔ irrefutable 반박할 수 없는
190	**supplant**	(물건을) 대체하다; 대신하다(= replace, substitute) • substitute 대신하다(= replace, supplant); 대리인, 대용품
191	**analogous**	유사한, 닮은[to](= similar to) • be analogous to ~와 비슷하다 • analogy 유추, 유추에 의한 설명; 유사(= parallel)
192	**afford**	주다, 제공하다(= give, offer); ~할 여유가 있다[can ~ to R] • affordable 줄 수 있는, 입수 가능한
193	**restrain**	(감정·욕망 등을) 억제하다, 누르다(= hold back, inhibit, curb); 구속하다 • restraint 자제, 억제; 구속
194	**restricted**	한정된, 제한된(= limited, confined, hampered); • restrict 제한하다, 한정하다(= confine, curb) • unrestricted 제한이 없는, 자유로운(= unlimited)

195	**curb**	재갈을 물리다; 억제하다(= restrict, restrain); 재갈, 고삐; 구속
196	**confine**	~을 한정하다, 제한[국한]하다(= box up); 구금[감금]하다 • confined 제한된, 비좁은(= restricted) • confinement 제한, 감금(= detention)
197	**contagious**	전염성의; 옮기 쉬운; 보균자의(= communicable, infectious) • contagion (접촉에 의한 질병의) 전염, 전염병 (= infection, transmission)
198	**tedious**	(너무 길어서) 지루한, 지겨운(= boring, dull, tiresome)
199	**loquacious**	수다스러운, 말이 많은(= talkative, garrulous, verbose)
200	**render**	~을 ~하게 하다(= make); 주다(= give);
201	**plight**	곤경, 궁지, (어려운) 상태(= hardship, serious condition)
202	**breakthrough**	획기적인 발견, 약진(= advance, progress); 돌파구 • break through 돌파하다; 극복하다
203	**arbitrary**	임의적인, 제멋대로인(= unpredictable); 독단적인
204	**inundate**	범람시키다(= flood, overflow) • inundation 침수, 홍수, 쇄도
205	**fugitive**	도망자, 망명자(= person in flight)
206	**sustain**	떠받치다, 지탱하다; 지속하다, 유지하다(= maintain, continue); 부양하다 • sustainable 지탱[유지]할 수 있는, 견딜 수 있는 • sustainability 지속 능력, 유지 능력
207	**imperceptible**	지각[감지]할 수 없는, 알 수 없는(= indiscernible, unnoticeable) • perceptible 지각할 수 있는; 상당한(= visible)
208	**migrate**	이주하다; 새들이 정기적으로 이동하다 • migratory 이주하는, 방랑하는(= nomadic)

⑳	**foundation**	근거; 토대(= ground, bedrock); 초석, 기초; 설립
		• found 기초를 세우다; 설립하다; 창시하다(= establish)
		• fundamental 기초의, 근본적인
⑩	**breed**	(새끼를) 낳다; 기르다; 야기하다(= produce); 품종
		• breeding 번식(= reproduction), 부화, 사육, 양육
⑪	**intrigue**	호기심을 자극하다, 흥미를 돋우다; 음모
		• intriguing 음모를 꾸미는; 호기심을 돋우는(= fascinating)
⑫	**prone**	경향이 있는(= likely to, inclined to, disposed to, liable to)
		• be prone to N/R ~하는 경향이 있다
		(= be likely to R) ~하기 쉽다, ~하고 싶다
⑬	**absurd**	어리석은; 우스꽝스러운(= ridiculous, foolish);
		불합리한, 모순된(= preposterous)
		• absurdity 불합리, 어리석음
⑭	**auspicious**	길조의, 상서로운, 전도가 밝은
		(= lucky, fortunate, favorable, propitious)
⑮	**genuine**	진짜의; 순종의(= real, authentic); 성실한, 진심의(= sincere)
⑯	**benign**	상냥한, 친절한(= kindly, gentle, obliging, favorable)
⑰	**greed**	큰 욕심, 탐욕; 식탐[for](= avidity, avarice)
		• greed for money 금전욕
		• greedy 욕심 많은, 탐욕스러운, 식탐하는(= avaricious)
⑱	**hazardous**	모험적인, 위험한; 운에 맡기는(= dangerous)
		• hazard 위험, 모험; 위험을 무릅쓰고 하다
⑲	**jeopardy**	위험, 위난 위험성(= danger, risk)
		• jeopardize 위태롭게 하다, 위험에 빠뜨리다(= endanger)
⑳	**lethal**	매우 위험한, 치사의, 치명적인
		(= deadly, critical, dangerous)
		• lethal doses 치사량(= deadly amount)
		• lethal weapon 죽음의 무기, 흉기

221	**lethargic**	무기력한, 활발하지 못한; 혼수(상태)의(= apathetic, sluggish)
222	**immortal**	죽지 않는; 불멸의, 불변의(= undying, deathless) • immortality 불사, 불멸; 영원한 생명 • mortal 필멸의; 치명적인(= fatal); 대단한(= absolute)
223	**mortify**	굴욕감을 주다, 창피를 주다(= humiliate) • mortifying 굴욕적인(= humiliating), 분한
224	**humiliate**	굴욕감을 느끼게 하다, 창피를 주다(= mortify, insult, embarrass) • humiliated 창피를 당한(= ashamed) • humiliation 굴욕, 굴복; 창피
225	**mutual**	상호의; 서로 관계있는, 상관의(= reciprocal); 공동의, 공통의 • mutuality 상호 관계, 상관
226	**predator**	육식 동물, 포식동물, 포식자; 약탈자 • predacious / predatory 포식성의, 육식성의 (= carnivorous)
227	**capacity**	(심신의) 능력, 정신능력; 포용력, 도량(= ability to think); 수용 인원 • capacious 포용력이 있는; 관대한, 기억력이 좋은 • incapacity 무능; 부적격; 무자격
228	**contract**	수축하다(= shrink); 계약하다; (병)에 걸리다(= come[go] down with); 계약 • contracted 수축한, 단축한; 찡그린, 찌푸린 • contraction 수축하기, 축소하기; 수축
229	**distraction**	기분 전환, 오락거리(= entertainment); 집중을 방해하는 것, 산만함 • distract (주의를) 딴 데로 돌리다(= divert); 즐겁게 하다 • distracted 얼빠진, 정신이 혼란한
230	**valid**	확실한 근거가 있는, 타당한; 유효한, 효과적인; 설득력 있는(= effective) • validate 유효하게 하다; 정당성을 입증하다(= justify),

⑵³¹	**invaluable**	값을 헤아릴 수 없는, 매우 귀중한 (= priceless, precious, extremely useful) • valuable 값비싼; 귀중한; 유익한; (pl.) 귀중품 • valueless 가치가 없는, 하찮은
⑵³²	**available**	이용할 수 있는(= obtainable, usable); (사람을 만날) 시간이 있는 • avail 도움이 되다, 쓸모가 있다; 이익, 효용 • unavailable 손에 넣을 수 없는(= out of stock)
⑵³³	**acquire**	취득하다, 습득하다(= obtain, come by, take on) • acquired 획득한, 후천적인(↔ inherent)
⑵³⁴	**secure**	안전한(= safe); 확실한, 안정된; 견고한, 확고한; 획득하다(obtain) • security 안전, 보안, 방위(= protection); 담보물 • insecure 불안한, 불안정한(= precarious)
⑵³⁵	**impute**	(죄·원인 등을) ~의 탓으로 하다, 전가하다 (= attribute, ascribe) • impute A to B A를 B의 탓으로 돌리다 • imputation (죄 등의) 전가; 비난; 오명
⑵³⁶	**efficient**	능률적인, 효율적인; 유능한(= effective, efficacious) • efficiency 능력; 능률, 효율
⑵³⁷	**contribute**	기부하다, 주다[to](= subscribe); 기여하다[to](= help) • contribution 기부
⑵³⁸	**distribute**	분배하다; 배포하다(= hand out, release); 퍼뜨리다(= disseminate) • distribution 분배, 배급, 배포 • distributary 지류
⑵³⁹	**indispensable**	없어서는 안 되는, 긴요한(= essential, necessary, requisite) • dispensable 없어도 되는, 나누어 줄 수 있는
⑵⁴⁰	**minute**	아주 적은, 미세한; 사소한(= very small, tiny); 상세한 • minuteness 미세, 상세 • minutia 자세한 점; 상세; 사소한 일
⑵⁴¹	**trigger**	시작하게 하다, 유발하다(= generate, touch off, set off); (총을) 쏘다 • touch off (폭발물에) 점화하다 ~을 유발하다(= trigger, set off)

242	**erudite**	학식 있는, 박식한, 학자적인(= scholarly, specialized) • erudition 박식, 박학, 학식
243	**fortify**	강화하다, 튼튼히 하다; 요새화하다(= strengthen) • fortification 축성, (pl.) 성채, 요새; 강화 • fortress 요새, 성채; 요새지
244	**robust**	(체격이) 강건한, 건장한(= strong, sturdy, stout); (신념·정신이) 강한 • sturdy 억센, 튼튼한(= stout); 힘센 • stout 뚱뚱한; 튼튼한; 용감한
245	**illegible**	읽기 어려운, 판독하기 어려운(= too hard to read) • legible (필체·인쇄가) 읽기 쉬운, 판독할 수 있는 (= readable); 명료한
246	**volatile**	변덕스러운, 불안정한(= capricious, unstable); 휘발성의 • volatility 휘발성; 변덕, 즉흥
247	**obligatory**	의무로서 지워지는[on](= incumbent, mandatory); 필수의 • oblige 강요하다; 의무를 지우다 • obligation 의무; (의무가 따르는) 약정(= responsibility, duty)
248	**reliable**	믿을 수 있는, 의지할 수 있는(= trustworthy, dependable) • reliant 신뢰하는, 의지하는 • reliability 믿음직함, 신뢰도(= credibility), 확실성(= certainty)
249	**stringent**	(규칙 등이) 엄중한, 엄격한(= strict, rigorous); 긴축의 • stringently 가차없이
250	**reprimand**	꾸짖다, 질책하다; 견책[징계]하다(= reproach); 견책, 비난 • reproach 꾸짖다, 책망하다; 비난하다(= blame); 질책, 비난; 불명예, 망신
251	**sluggish**	느린, 완만한(= slow), 게으름 피우는
252	**concede**	(마지못해) 인정하다, 시인하다; 승인하다 • concession 양보

253	**conformity**	따르는 것, 순응, 동조(= agreement with customs or rules) • conform (규칙에) 따르다, 순응하다[to] (= adjust to; comply with)
254	**exceed**	능가하다, 우월하다(= surpass, be more than); 넘다, 초과하다 • excess 과잉, 과다; 잉여분(= surplus) • excessive 과도한, 지나친, 엄청난(= immoderate)
255	**infer**	추론하다, 추측하다(= deduce, extrapolate) • inference 추론, 추리; 추정, 결론; 함축된 의미
256	**allowance**	허락, 허가, 용인; 승인, 인가(= consent, assent, approval); 용돈 • make allowances for ~을 참작·고려하다 (= take into account, allow for)
257	**adept**	숙련된, 숙달된, 노련한[at](= skilled, skillful, expert); 숙련자, 노련가 • adeptness 숙련 • adeptly 노련하게
258	**shrewd**	영리한, 날카로운; 빈틈없는, 재빠른(= sharp, clever, astute) • shrewdly 기민하게, 현명하게(= astutely)
259	**clumsy**	(동작 등이) 어설픈, 서투른(= awkward, maladroit, all thumbs) • clumsily 서투르게, 어설프게
260	**pervasive**	널리 퍼진, 만연한; (구석구석) 스며드는(= widespread, common) • pervade (사상·활동·영향 등이) 널리 퍼지다; (구석구석) 스며들다
261	**perfunctory**	(일 처리가) 형식적인, 기계적인 (= superficial, unwilling, mechanical) • mechanical 기계의; (일 처리가) 기계적인
262	**superficial**	피상적인(= perfunctory, cosmetic); 깊이가 없는(= shallow) • superficiality 천박, 피상 • shallow 얕은, 얄팍한; 피상적인
263	**voluntarily**	자발적으로(= of one's own accord, of one's own free choice) • voluntary 자발적인(= spontaneous) • volunteer 지원자; 자발적으로 나서다

264	**prudent**	조심성 있는, 신중한; 분별 있는(= careful, discreet)
		• prudently 신중하게, 현명하게(= wisely)
		• imprudent 경솔한, 분별없는(= unwise)
265	**conspicuous**	두드러진, 눈에 잘 띄는; 현저한, 저명한(= noticeable, prominent)
		• conspicuity 두드러짐
		• inconspicuous 눈에 띄지 않는(= unnoticeable)
266	**eminent**	저명한; 훌륭한; (지위·신분이) 높은 (= prestigious, distinguished)
267	**prominent**	(학문 등에서) 저명한, 탁월한(= notable, important)
		• stand out 돌출하다; 눈에 띠다(= be prominent)
268	**imminent**	(위험·사태 등이) 임박한, 촉박한(= impending)
269	**impending**	(불길한 일이) 절박한, 임박한(= imminent, forthcoming)
		• impend 임박하다
270	**resume**	다시 시작하다, 재개하다(= begin again, restart)
		• resumption 되찾음, 회수; 재개, 속행
271	**presume**	(증거 없이) ~이라고 여기다; 가정[추정]하다(= suppose)
		• presumably 생각건대, 아마(= probably, supposedly)
272	**anticipate**	기대하다; 예상하다(expect, look forward to)
		• anticipation 예상, 기대
		• look forward to ~ing ~을 기대하다(= expect); 고대하다
273	**accept**	(초대 등을) 받아들이다, 허락하다(= allow, permit); (사태 등에) 순응하다
		• accepted 일반적으로 인정된, 용인된(= permitted)
274	**deceptive**	속이는, 현혹시키는, 믿을 수 없는(= misleading)
		• deceit 책략; 기만(= duplicity)
		• deception 속임, 사기
		• deceive 속이다, 기만하다
275	**impede**	(진행을) 늦추다, 방해하다, 저해하다(= hinder, retard, hamper)
		• impediment 방해(물), 지장, 장애; 신체장애 (= defect, hindrance)

276	**hamper**	(진행을) 방해하다(= obstruct, hinder, impede); (움직임을) 제한하다(= restrict)
		• obstruct 막다, 차단하다, 방해하다
		• restrict 제한하다, 한정하다; (활동을) 금지하다

277	**coincide**	(~과) 동시에 일어나다[with] (= occur at the same time as)
		• coincidence (우연의) 일치, 동시발생

278	**retain**	보유하다, 유지하다(= keep, hold); 마음에 간직하다(= remember, keep)
		• retention 보유, 유지; 보유력; 기억력
		• retentive 보유력이 좋은; 기억력이 좋은

279	**coherent**	(이야기 등이) 일관성 있는, 일치하는(= consistent, logical); 응집성의
		• incoherent 일관성이 없는

280	**subsidiary**	자회사; 보조물(= branch); 보조의; 종속적인(= secondary)
		• subsidize 보조[장려]금을 지급하다(= support)
		• subsidy (국가의) 보조금, 장려금

281	**compose**	(마음을) 가라앉히다[oneself] (= calm oneself, organize oneself); 구성하다
		• be composed of ~으로 구성되다
		• composed 침착한
		• composure 침착(= calmness)

282	**concurrent**	동시에 일어나는; 수반하는(= simultaneous); 일치하는[with]
		• concur 동의하다[with]; 동시에 일어나다(= simultaneously)

283	**resolve**	결심하다(= determine); 해결하다(= solve); 결심, 결단력(= determination)
		• solve (문제 등을) 풀다, 해결하다; 용해하다

284	**resolution**	결심, 결단력, 확고부동(↔ indecision, waver); 해결; 해상도
		• resolute 굳게 결심한(= restive)
		↔ irresolute 결단력이 없는(= indecisive, indetermined)

285	**integral**	완전한; 완전체의; 필수적인
		• be an integral part of ~의 필수적인 부분이다
		• integrity 성실, 청렴(= probity, rectitude)

286	**disintegration**	분해, 붕괴; 분열; 분산 (= decomposition, breakdown, falling apart) • disintegrate 분해[해체]하다, 붕괴[분열]시키다
287	**overwhelming**	(수나 양, 힘이) 압도적인, 너무도 강력한(= overpowering) • overwhelm 압도하다(= dominate), 질리게 하다
288	**impasse**	교착 상태, 답보 상태(= deadlock, dilemma); 막다른 골목, 궁지 • deadlock (교섭 따위의) 막다른 상태, 교착 상태 　(= impasse, standstill, standoff)
289	**implement**	이행하다(= execute, put in practice, carry out); 도구, 기구(= tool, device) • implementation 이행; 완성, 성취 • implemental 도구가 되는; 도움이 되는(= instrumental)
290	**commitment**	위임, 떠맡은 일, 임무; 약속, 공약; 언질, 언명; 헌신, 전념(= devotion) • commit (죄를) 범하다; 언명하다; (의무를) 지우다, 공약하다 • commit suicide 자살하다
291	**recurring**	되풀이해서 일어나는(= repeating) • recur 재발하다; 반복되다; 회상하다
292	**discrepancy**	(같아야 할 것들 사이의) 차이, 불일치, 괴리(= difference) • discrepant 상위한, 일치하지 않는, 모순되는
293	**resentment**	분개, 분노(= anger, indignation) • resent 분개하다 • resentful 화난; 성 잘 내는 • indignation 분개, 분노(= resentment)
294	**perpetual**	영속하는, 끊임없는 (= constant, everlasting, unceasing, incessant) • perpetuate 영속화시키다, 항구화하다
295	**tenuous**	얇은; 빈약한(= thin, flimsy); 중요치 않은(= unsubstantial, insubstantial)
296	**deprivation**	박탈, 몰수(= dispossession); 상실; 결핍, 궁핍(= deficiency) • deprive A of B A에게서 B를 빼앗다

297 fragile
부서지기 쉬운(= breakable, brittle, flimsy);
연약한; 덧없는(= weak, delicate)
- fragility 부서지기 쉬움, 여림, 허약;

298 equanimity
(마음의) 평정; 침착, 태연(= composure, equilibrium)
- with equanimity 차분하게(= calmly)

299 condense
요약하다(= abbreviate); 농축[응축]하다[되다];
(기체를) 액체화하다
- condensed 압축된, 농축된; 요약된
- condensation 응축, 압축; 요약

300 dilate
넓히다, 팽창시키다(= widen, expand);
넓어지다, 팽창하다(= become wider)
- dilatation 팽창, 확장
- dilative 팽창하기 쉬운, 확장시키는

301 congregate
모이다, 집합하다; (~을) 많이 모으다
(= flock, assemble, gather together)
- congregative 모이는 경향이 있는, 집합적인
- congregation 모임, 집합; (종교적) 집회

302 impeccable
결점 없는, 나무랄 데 없는; 죄 없는
(= flawless, faultless, immaculate)
- flawless 흠 없는; 완전한, 완벽한
- immaculate 오점이 없는; 결점 없는; 순결한

303 illiterate
글자를 모르는; 교양이 없는(= unable to read or write); 문맹자
- illiteracy 문맹, 무식; 무학
- literacy 읽고 쓰는 능력; 교양 있음, 교육 받음

304 competent
(~을 해 낼) 능력[자격]이 있는, 유능한(= capable, intellectual)
- competence 유능, 능력(= capability)
- incompetent 무능한, 쓸모없는(= incapable)

305 prolific
(작가가) 다작의; 다산(多産)의, 열매를 많이 맺는
(= productive, fruitful)
- prolificacy 다산, 다작
- prolificity 다산성, 다산력

306	**affluent**	풍부한, 유복한, 부유한(= prosperous, opulent, wealthy) • affluence 풍족; 부, 부유; 유입, 쇄도
307	**lavish**	사치스런(= prodigal); 후한(= generous, profuse); 풍부한(= opulent)
308	**frugal**	절약하는, 검소한(= thrifty, economical) • frugality 절약, 검소 • frugally 간소하게, 절약하여
309	**salvage**	구출하다(= save, retrieve); • salvation 구제, 구조, 구원; 구세주
310	**conflict**	싸움, 전투, 분쟁; (의견의) 충돌, 마찰(= strife, friction); 대립하다, 충돌하다 • in conflict with ~와 상충하여(= at odds with) • conflicting 서로 싸우는, 상충되는(= clashing)
311	**predicament**	곤경, 궁지(= plight, dilemma) • be in a predicament 곤경에 처해 있다 • plight 곤경, 궁지, (어려운) 상태
312	**exploit**	이용하다(= make use of, utilize); 착취하다(= abuse) • exploitation 개척, 개발, 착취(= rip-off)
313	**bolster**	보강하다, 강화하다; 지지하다 (= strengthen, reinforce, encourage, support) • reinforce 강화하다(= strengthen); 힘을 북돋우다
314	**fortuitous**	(좋은 결과가) 우연히 일어난, 뜻밖의 (= accidental, unexpected) • fortuity 우연성, 우연; 우연한 일
315	**emerge**	나타나다, 출현하다(= obtrude) • emergence 출현, 발생; 탈출(= appearance) • emergent 갑자기 나타나는(= appearing)
316	**merge**	병합[합병·통합]하다; 융합하다[시키다](= blend, combine) • merger (회사·사업의) 합병, 합동
317	**disperse**	흩뜨리다(= scatter, disseminate); (환영 등을) 쫓아버리다(= dispel)

③18 **prior**	이전의, 앞의; ~보다 앞선(= earlier, antecedent); ~보다 중요한, 우선하는
	• prior to ~에 앞서, 먼저(= before)
	• priority (시간적으로) (~보다) 먼저임; 우선(권), 우선사항

③19 **descendant**	자손, 후예(= posterity); 제자, 문하생
	• descent 하강, 내리받이; 혈통(= lineage)
	• descending 내려가는, 강하하는, 하향의

③20 **gloomy**	우울한; 어두운, 음침한(= dark, somber, bleak); 비관적인
	• gloom 어두침침함; 우울; 침울해지다

③21 **novice**	초심자, 신출내기, 풋내기
	• novitiate 수련[견습] (기간); 수련자[견습] 신분

③22 **exhilarating**	기분을 돋우는, 신나는, 유쾌한(= invigorating, cheerful)
	• exhilarate 기분을 들뜨게 하다. 유쾌[쾌활]하게 하다(= invigorate)

③23 **sensitive**	감수성이 예민한, 섬세한; 민감한[to](= delicate)
	• be sensitive to ~에 대해 민감하다
	• insensitive 무감각한, 둔감한(= callous)

③24 **retaliate**	(같은 방법으로) 보복하다, 앙갚음하다(= revenge, get even with)
	• retaliation (같은 방법에 의한) 앙갚음, 보복
	• retaliatory 보복적인, 복수심이 강한

③25 **imperative**	필수적인(= necessary); 긴급한(= urgent); 책무, 요청; 명령법(= demand)

③26 **amenable**	순종하는, 잘 받아 들이는[to] (= agreeable, receptive, responsive)
	• agreeable 쾌적한; 상냥한(= amiable); 기꺼이 동의하는 (= amenable)

③27 **catastrophe**	큰 재해, 대참사(= disaster); 비극적 결말; 대실패
	• catastrophic 큰 재앙의; 파멸의, 비극적인(= disastrous)

③28 **astronomer**	천문학자(= a scientist who studies astronomy)
	• astronomy 천문학
	• astronomical 천문학(상)의

③㉙	**endemic**	그 지방 특산의, 풍토성의 (= native, local, indigenous, aboriginal); 풍토병의 • epidemic 유행성의; 전염병 • pandemic (병이) 전국적으로 유행하는; 유행병
③㉚	**skeptical**	의심 많은; 회의적인(= doubtful) • skeptic 의심 많은 사람; 종교적 회의론자 • skepticism 회의론[주의]; 회의적 태도(= doubt)
③㉛	**sanguine**	붉은; 혈색이 좋은(= red, flush); 명랑한; 낙천적인(= optimistic, buoyant) • consanguineous 혈족의, 동족의(= related by blood)
③㉜	**exuberant**	(원기·열정 등이) 넘쳐흐르는; 열광적인 (= overflowing, excited, ebullient) • exuberance 풍부; (활력·기쁨 따위의) 충만
③㉝	**nonchalant**	태연한, 무관심한, 냉담한(= indifferent, unconcerned) • nonchalance 무관심, 냉담, 태연자약(= indifference)
③㉞	**lukewarm**	미지근한(= tepid); 미온적인, 마음이 내키지 않는(= indifferent, halfhearted) • tepid 미지근한(= slightly warm); 미온적인; 시들한 • halfhearted 마음이 내키지 않는
③㉟	**interrupt**	(말 등을 중간에) 중단시키다, 방해하다; 가로막다(= heckle, break in) • interruption 훼방, 방해; 중단; 방해물
③㊱	**audacious**	대담한, 겁이 없는(= bold, brave) • audacity 대담함, 대담한 짓(= boldness, temerity)
③㊲	**undaunted**	(어려움 등을) 겁내지 않는, 두려워하지 않는 • dauntless 겁 없는 • daunt 위압하다 • daunting (일 등이) 위압적인(= intimidating), 벅찬
③㊳	**arduous**	(일이) 힘이 많이 드는, 고된(= difficult, laborious, strenuous) • laborious (일 등이) 힘든, 고된; 공들인; 열심히 일하는

③③⑨	**strenuous**	힘이 많이 드는, 격렬한(= arduous); 왕성한; 분투적인(= vigorous) • strenuously 강력히
③④⓪	**attractive**	(장소·물건이) 마음을 끄는, (사람이) 매력적인 (= inviting, appealing) • attract 끌어당기다, 매력이 있다; 유인하다(= lure) • attraction 매력, 흡인력
③④①	**dismay**	실망시키다; 경악하게 만들다(= discourage, disappoint)
③④②	**manifest**	분명히 나타내다(= show, display, demonstrate); 명백한(= evident) • manifestation 명시, 표명; 시위운동, 데모 • manifesto (정당 등의) 선언(서), 성명(서)
③④③	**critical**	결정적인, 중대한(= extremely important, crucial); 위기의; 비판적인 • crisis 위기, 중대국면
③④④	**crucial**	결정적인, 중대한(= decisive, critical, vital)
③④⑤	**dubious**	의심스러운; 모호한, 애매한 (= doubtful, questionable, suspicious) • doubtful 의심스러운, 불확실한, 수상쩍은
③④⑥	**culprit**	범인; 범죄용의자(= guilty person, offender, the accused); 원인(= cause) • culpa 과실, 과오; 죄
③④⑦	**luminous**	빛나는, 번쩍이는(= shining, glowing); 이해하기 쉬운, 명쾌한(= clear) • luminosity 발광물[체]; 빛나는 것
③④⑧	**discernible**	인식[식별]할 수 있는(= obvious) • discern 식별하다, 분별하다; 인식하다 • discerning 식별력이 있는, 안목이 있는
③④⑨	**considerable**	중요한; 고려해야 할, 무시하지 못할; 적지 않은, 상당한, 꽤 많은 • considerably 상당히, 매우(= greatly)

350	**hostile**	적의 있는, 적대하는; 적(敵)의, 적국의(= antagonistic) • hostility 적의, 적성; 적대행위
351	**accuse**	고발[기소·고소]하다(= charge); 비난하다[for] • be accused of ~의 혐의로 기소되다(= be charged with) • accused 고발[고소]된
352	**amicable**	우호적인, 평화적인(= friendly) • amicability 우호, 화친, 친선 • amicably 우호적으로
353	**hospitable**	손님 접대를 잘하는, 환대하는; 친절한(= friendly); 쾌적한 • hospitality 환대, 친절히 접대함 • inhospitable 손님을 냉대하는; 살기에 적합하지 않은
354	**docile**	온순한, 유순한; (사람이) 다루기 쉬운(= easily-handled, easy to manage) • docility 다루기 쉬움, 온순함, 순종
355	**avoid**	피하다(= shun, avert, escape); (미리) 예방하다(= prevent) • avoidance 기피, 회피, 도피
356	**circumvent**	(교묘하게 또는 불법적으로) 회피하다(= avoid); 우회하다 • circumvention (계략으로) 속임; 우회
357	**charge**	채우다; 충전하다; 짐을 싣다; 청구하다; 비난·고발하다(= blame, accuse, indict) • be charged with 부과되다; 기소되다 • in charge (of) ~을 맡고 있는, 담당의
358	**elude**	교묘히 피하다, ~을 면하다; 회피하다(= avoid, evade) 생각나지 않다 • elusive / elusory (교묘히) 피하는, 달아나는; 알기 어려운 • elusion 도피, 회피
359	**precaution**	사전대책, 예방조치; (= take precaution / take precautions against) • precautious 조심하는, 신중한

360	**convert**	전환[변환]하다[into]; 변화하다(= change); 개종[전향]시키다 • convertible 바꿀 수 있는, 개조할 수 있는 • conversion 전환, 전향, 개조; 변환
361	**revision**	개정; 교정, 수정 • revise (의견 등을) 바꾸다; 교정[개정, 정정]하다
362	**verify**	(진실인지 여부를) 확인하다(= confirm); 증명[입증]하다, 증거를 대다 • verifiable 확인할 수 있는, 실증할 수 있는 • verification 증명, 입증; 증거, 근거
363	**remedy**	치료, 치료약; 구제책(= cure); 치료하다; 교정하다(= correct) • remedial 치료하는, 교정하는(= correcting) • irremediable 치료할 수 없는, 불치의
364	**antidote**	해독제(= remedy); (악영향 등의) 방어수단, 대책 • antidotal 해독(성)의
365	**proximity**	(시간·장소·관계 등의) 접근, 근접 (= closeness, nearness, contiguity) • contiguity 접근, 접촉; 인접
366	**adjacent**	인접한, 이웃의[to](= nearby, neighboring, touching) • adjacency 근접, 인접
367	**counterfeit**	위조의, 가짜의; 모조의(= spurious); 모조품; 모조하다, 흉내 내다 • spurious 가짜의, 위조의
368	**plagiarism**	표절, 도용, 표절 행위; 표절물(= piracy) • plagiarist 표절자 • plagiarize 표절하다
369	**addict**	중독되다, 탐닉하다(= very often eat, indulge in); 중독자 • be addicted to ~에 중독되다 • addictive 중독의
370	**confirm**	(진술·증거 등을) 확인하다, 확증하다 (= verify, attest, corroborate) • confirmed (계약이) 확정된; 확인[확립]된; 비준된; 확고한; 만성의

371	**manage**	용케 ~해내다[to];
		그럭저럭 꾸려나가다[with] (= make do with); 경영하다
		• manage with ~으로 해나가다
		↔ manage without ~없이 해나가다

372	**enervate**	기력을 빼앗다, 무기력하게 하다(= exhaust, drain)
		• enervated 활력을 잃은, 무기력한, 나약한
		• enervation 쇠약, 허약, 무기력

373	**deplete**	고갈[소모]시키다, 다 써버리다(= use up, exhaust)
		• depletion 고갈, 소모
		• depletive / depletory 고갈[소모]시키는

374	**abruptly**	갑자기, 불시에; 급격하게(= suddenly, all of a sudden; sharply)
		• abrupt 갑작스러운, 불시의(= unexpected);
		(말씨·태도가) 퉁명한, 무뚝뚝한

375	**enormous**	거대한, 막대한, 엄청난(= huge, vast)
		• enormity 거대함, 터무니없음; 극악무도
		• enormously 엄청나게, 터무니없이(= immensely)

376	**prodigious**	거대한, 막대한(= huge); 비범한, 경이로운(= extraordinary)
		• prodigy 비범, 경이; 천재, 신동; 불가사의, 괴물

377	**colossal**	거대한, 수량 등이 엄청난, 어마어마한
		(= gigantic, prodigious, huge)

378	**dearth**	기근, 식량부족(= famine, starvation, scarcity);
		결핍, 부족[of](= deficiency)
		• starvation 기아, 굶주림(= famine); 궁핍, 결핍
		• famine 식량 부족, 기근(= starvation)

379	**faint**	(시야·소리·냄새가) 희미한(= indistinct, dim);
		(가능성 등이) 희박한; 연약한
		• faintly 희미하게, 어렴풋이; 힘없이, 가냘프게
		• fainthearted 소심한, 용기 없는, 겁 많은

380	**appalling**	소름 끼치는(= frightening, dreadful);
		지독한(= very bad, terrible)
		• appall 소름 끼치게 하다, 섬뜩하게 하다

381	**abhor**	소름 끼칠 정도로 싫어하다, 질색하다(= hate, detest, loathe) • abhorrence 혐오, 증오, 질색인 것 • abhorrent 아주 싫은, 질색의
382	**arid**	마른, 불모의(= dry; barren); 무미건조한, 재미없는(= uninteresting) • aridity 불모, 무미건조
383	**ruthless**	무자비한, 무정한; 냉혹한(= merciless, scathing) • ruthlessly 무자비하게
384	**relentless**	냉혹한(= merciless, ruthless, cruel); 수그러들지 않는, 끊임없는(= unyielding) • relent 누그러지다; 가엾게 여기다
385	**ferocious**	사나운, 흉포한; 잔인한(= savage, mean, fierce); 지독한, 맹렬한 • ferocity (몹시) 사나움, 잔인[흉악]성
386	**vicious**	잔인한, 광포한(= cruel); 악의가 있는, 심술궂은(= wicked, malicious) • vicious circle 악순환 • vice 악, 부도덕, 악습; 결함, 약점; 나쁜 버릇
387	**divulge**	(비밀 따위를) 누설[폭로]하다, 밝히다(= reveal, disclose, betray) • divulgence 누설, 폭로
388	**utter**	말하다; 발음하다; (신음 소리 등을) 내다(= say, state); 전적인, 완전한 • utterance 입 밖에 냄, 발언; 발표력; 유포 • utterly 전적으로, 철저히(= completely)
389	**malicious**	악의적인, 심술궂은; 고의의(= wicked, vicious) • malice (의도적인) 악의, 앙심, 적의
390	**malign**	해로운, 악의가 있는(= evil); (병이) 악성인; 헐뜯다, 중상하다(= slander) • malignant 해로운, 악의가 있는, (병이) 악성인
391	**applaud**	박수갈채 하다, 칭찬하다(= clap) • applause 박수갈채; 칭찬 • applausive 칭찬의

③⁹²	**ominous**	불길한, 나쁜 징조의; (~의) 징조가 되는(= inauspicious) • omen (특히 불길한) 전조, 징조; 예언; ~의 전조가 되다; 예언하다
③⁹³	**extinct**	(생물·제도 등이) 멸종된, 소멸된(= exterminated); (화산 등이) 활동을 멈춘 • extinction (종족의) 멸종, 소멸, 폐지, 소화(= disappearance)
③⁹⁴	**drastic**	격렬한, 맹렬한(= violent); 철저한, 과감한, 대폭적인(= dramatic) • drastically 철저하게, 과감하게(= severely)
③⁹⁵	**extinguish**	(불·빛 등을) 끄다(= put out, snuff out); (사상·희망을) 잃게 하다 • extinguisher 불을 끄는 사람[기구], 소화기 • extinguishment 소화, 소등; 절멸
③⁹⁶	**retrospect**	회고[회상]하다, 추억에 잠기다(= look back); 회상, 회고, 추억 • in retrospect 돌이켜보면
③⁹⁷	**foresee**	예견하다, 예지하다(= predict) • foreseeable 예견할 수 있는 ↔ unforeseeable 예측할 수 없는(= unpredictable)

Chapter 2. 생활영어

> 🔍 **핵심 파악하기**
> 가장 긍정적이고, 정상적인, 일반사람의 예측가능한 보기를 선택할 것

01 Why don't you help yourself to some more?
좀 더 드시지 그래요?

02 Let's make it some other time, OK?
다음번에 하는 게 어때?

03 Can I sleep on it?
생각 좀 해 볼게.

04 Don't bother.
(호의를 거절하며) 그러실 필요 없어요.

05 Would you mind ― ?
  수락 Not at all, No, of course not
  거절 I'm afraid(sorry) I would, I'm afraid so.

06 Go chase yourself.
남의 일에 상관 마세요.

07 Let's get to the point.
본론으로 들어갑시다.

08 We had a ball.
정말 즐거웠어요.

09 It slipped my mind.
제가 깜빡했어요.

10 Sorry, I didn't mean.
죄송합니다. 그럴 의도는 아니었습니다.

11	**Come on, don't be silly!** 이봐, 바보같이 왜 그래!(달래줄 때)
12	**It's pouring down rain.** **It's raining cats and dogs.** 비가 억수 같이 내리고 있어요.
13	**You're soaking wet.** **You're drenched.** 흠뻑 젖으셨군요.
14	**I'm tied up now.** **I'm pressed for time now.** **I have no time to spare.** 저는 지금 바쁩니다.
15	**Jane is on another line.** 제인은 다른 전화를 받고 있다.
16	**The line is busy(in use).** **The line is engaged.** 통화 중입니다.
17	**What do you do in your spare(free) time?** 여가 시간에는 무엇을 하십니까?
18	**You deserve it.** 넌 그럴 만 해.
19	**How do you keep in such good shape?** 어쩜 그렇게 날씬하세요?
20	**That's the way it goes.** **That's the way the cookie crumbles.** 세상사는 다 그런 거야.
21	**I'll be sure to drop you a line.** 꼭 몇 자라도 적어 보내 드릴게요.

22 **My old passport has expired, so I'll have to apply for a new one.**
제 여권 기한이 만료되어 새로 신청해야 합니다.

23 **How large is your party?**
몇 분이세요?

24 **Could you put this in a doggy bag?**
남은 음식은 싸 주시겠습니까?

25 **This is the cat's meow.**
둘이 먹다가 하나가 죽어도 모르겠군요.

26 **Do you have some identification?**
신원을 확인할 수 있는 것을 가지고 계십니까?

27 **I got ripped off.**
That was a rip-off.
바가지 썼다.

28 **Are you pulling my leg?**
설마 농담이시겠죠?

29 **What a nerve!**
강심장이시군요.

30 **Let's go halves.**
반반씩 냅시다.

31 **That's not the case.**
결코 그렇지 않다.

32 **Please keep it under your hat.**
비밀로 해 두세요.

33 **If you turn the table around, you will see what it is like.**
입장을 바꾸어보면 그게 어떤 건지 알게 될 겁니다.

34 **Don't take it to heart.**
너무 심각하게 받아들이지 마세요.

| 35 | **I must save my face.**
체면을 차려야겠어요. |

| 36 | **The sky is the limit.**
얼마든지 좋아요. |

| 37 | **I'm a hot potato.**
저는 지금 곤경에 빠져 있어요. |

| 38 | **I haven't seen much of you lately.**
요즘 당신 보기 힘들군요. |

| 39 | **What brought you here?**
여길 어떻게 알고 오셨습니까? 무슨 일로 여기 오셨나요? |

| 40 | **What have you been up to lately?**
최근까지 어떻게 지내셨습니까? |

| 41 | **How is he getting along?**
(잘 적응하고 있는지..) 그는 어떻게 지내고 있지요? |

| 42 | **Mr. Markus sends his regards.**
Markus 씨가 안부 전하더군요. |

| 43 | **My intentions were good.**
고의로 그런 게 아닙니다. |

| 44 | **I hope I didn't offend you.**
기분을 상하게 해드리지는 않았는지 모르겠네요. |

| 45 | **You're all dressed up.**
자네 쪽 뺐군. (굉장하게 차려입었군.) |

| 46 | **Is there anything you can't do?**
못하시는 게 없군요. |

| 47 | **I wish I were in your shoes.**
당신의 입장이 부럽습니다. |

48 You are a cut above me.
네가 나보다는 한 수 위야.

49 Sure. That goes without saying.
물론. 말할 것도 없죠.

50 I'll stick by you.
당신 옆에서 충실히 돌봐 줄게요.

51 Have it your own way.
마음대로 해요(소신껏).

52 I want to throw in the towel.
단념하겠어요.

53 Don't let me down.
나를 실망시키지 마세요.

54 Take a close look!
좀 더 자세히 보세요!

55 Skip the details and give me the bottom line.
빙빙 둘러대지만 말고 결론을 말하세요.

56 Get right down to business.
바로 요점을 말하세요.

57 Be my guest.
(부탁 들어줄 때) 그렇게 하세요.

58 I get the picture.
알겠습니다.

59 I think I'll have to do it all over again.
전부 처음부터 다시 해야 할 것 같아요.

60 I have the right end of the stick.
나는 유리한 입장에 놓여 있어요.

61 I'll play it by ear.
임기응변으로 할 거예요.

62 I'm willing to give my eye-teeth for that computer.
저 컴퓨터를 정말로 갖고 싶어요.

63 You hit it right on the head.
당신 말이 맞아요.

64 That all depends.
그건 사정에 따라 다르죠.

65 I can't say for sure.
자신 있게 얘기할 수 없어요.

66 It'll give you nothing but trouble.
그건 말썽만 끼칠 겁니다.

67 Does it ring a bell?
생각나는 게 있으세요?

68 I'll have my fingers crossed.
행운을 빌게.

69 Let's hurry. It's first come, first served.
빨리 갑시다. 선착순이니까요.

70 Well, I hope the pressure is off you soon.
곧 시달림에서 벗어나면 좋겠군요.

71 How long does it take by taxi?
택시를 타면 얼마나 걸립니까?

72 I wonder if there is a department store around here.
이 근처에 백화점이 있는지 모르겠네요.

73 When is the most convenient time for you?
가장 편리한 시간이 언제입니까?

74	**How often do you go fishing?** 얼마나 자주 낚시를 가십니까?	
75	**You have to get in line.** 줄을 서세요.	
76	**I'm sorry, but everyting is taken.** 죄송합니다. 매진되었습니다.	
77	**I'd like to ask for a raise.** 급료를 좀 올려 주셨으면 합니다.	
78	**I'm in charge of the sales department.** 판매부의 책임을 맡고 있습니다.	
79	**I'm working on it.** 추진 중입니다.	
80	**That position was just filled.** 그 자리가 이제 막 찼는데요.	
81	**Take one in every five hours.** 매 5시간마다 한 알씩 복용하세요.	

PART 3

독해

Chapter 1 주제, 제목, 요지, 주장
Chapter 2 빈칸, 순서, 삽입, 내용일치

주제, 제목, 요지, 주장

Pattern 1

Point
1. 제목과 주제는 보통 첫 세 문장 "1-3" 안에서 '강조'가 되어있다!
2. 95% 이상이 두괄식

TIP 모든 글은 '주제 + 예시'의 구조. 주제, 제목을 찾는다. 예시를 모두 읽는 시간낭비는 금지!

01 다음 글의 주제로 가장 적절한 것은?

Daily training creates special nutritional needs for an athlete, particularly the elite athlete whose training commitment is almost a full-time job. But even recreational sport will create nutritional challenges. And whatever your level of involvement in sport, you must meet these challenges if you're to achieve the maximum return from training. Without sound eating, much of the purpose of your training might be lost. In the worst-case scenario, dietary problems and deficiencies may directly impair training performance. In other situations, you might improve, but at a rate that is below your potential or slower than your competitors. However, on the positive side, with the right everyday eating plan your commitment to training will be fully rewarded.

① how to improve body flexibility
② importance of eating well in exercise
③ health problems caused by excessive diet
④ improving skills through continuous training

Answer

01 정답 ②

해석

일상적 훈련은 운동선수에게 특별한 영양적 필요를 만드는데, 특히 훈련에 대한 헌신이 거의 전업 직업인 엘리트 선수일 경우 그러하다. 그러나 레크리에이션 스포츠조차도 영양적 요구를 만들어 낼 것이다. 그리고 스포츠의 당신의 관련 정도가 어느 정도이든 간에 당신이 훈련으로부터 최대의 수확을 얻으려면 이러한 요구를 충족시켜야만 한다. 충분한 섭취 없이, 당신의 훈련 목적의 많은 부분은 상실될 것이다. 최악의 경우의 시나리오에서는, 식이적 문제와 결핍은 훈련 성과를 직접적으로 손상시킬 것이다. 다른 상황에서, 당신은 개선될 것이지만 당신의 잠재력 이하의 비율로 또는 당신의 경쟁자보다 더 느리게 그러할 것이다. 그러나, 긍정적인 측면에서, 매일의 올바른 음식 섭취 계획과 함께, 당신의 훈련의 헌신은 충분히 보상받을 것이다.

어휘

nutritional 영양의
commitment 헌신, 약속, 전념
challenge 요구, 필요, 문제
meet 충족시키다
deficiency 결핍, 부족
flexibility 유연성

athlete 운동선수
recreational 레크리에이션의, 오락의
involvement 관여, 연루, 참가
sound 충분한, 건강한
impair 손상시키다, 해치다
excessive 과도한

02 다음 글의 주제로 가장 적절한 것은?

A very well-respected art historian called Ernst Gombrich wrote about something called "the beholder's share". It was Gombrich's belief that a viewer "completed" the artwork, that part of an artwork's meaning came from the person viewing it. So you see — there really are no wrong answers as it is you, as the viewer who is completing the artwork. If you're looking at art in a gallery, read the wall text at the side of the artwork. If staff are present, ask questions. Ask your fellow visitors what they think. Asking questions is the key to understanding more — and that goes for anything in life — not just art. But above all, have confidence in front of an artwork. If you are contemplating an artwork, then you are the intended viewer and what you think matters. You are the only critic that counts.

① 미술작품의 가치는 일정 부분 정해져 있다.
② 미술 작품을 제작할 때 대중의 요구를 반영해야 한다.
③ 미술작품은 감상하는 사람으로 인하여 비로소 완성된다.
④ 미술 감상의 출발은 작가의 숨겨진 의도를 파악하는 것이다.

Answer

02 정답 ③

해석

Ernst Gombrich라고 불리는 아주 많이 존경받는 예술 역사가가 "관람자의 몫"이라 불리는 것에 대해 썼다. 관람자가 예술 작품을 "완성시킨다"는 것이 Gombrich의 믿음이었는데, 예술 작품의 그 부분의 의미는 바라보는 사람에게서 온다는 것이다. 그러므로 당신이 바라본다 – 잘못된 답은 없다. 왜냐하면 예술 작품을 완성시키는 관람자는 바로 당신이기 때문이다. 만일 당신이 갤러리에서 예술을 본다면, 예술 작품 옆에 있는 벽에 쓰인 글을 읽어 보라. 만일 직원이 있다면, 질문을 하라. 함께 간 방문자들에게 그들의 생각을 물어보라. 질문을 하는 것이 더 잘 이해하는 것의 비결이다. 그리고 그것은 예술뿐만 아니라 인생의 모든 것에 적용된다. 하지만 무엇보다도 먼저, 예술 작품 앞에서 자신감을 가져라. 만일 당신이 예술 작품을 바라보고 있다면, 당신은 의도된 관람자이고 당신이 생각하는 것은 중요하다. 당신이 중요한 단 한 명의 비평가이다.

어휘

well-respected 매우 존경받는
share 몫, 부담
go for ~에 해당되다
contemplate 바라보다, 응시하다
matter 중요하다
count 중요하다
beholder 보는 사람
fellow 동료
above all 무엇보다도, 특히
intend 의도하다
critic 비평가

말바꾸기는 무조건!

Point 영어 보기가 등장하는 모든 독해 문제는 '말바꾸기'(같은 의미, 다른 표현)가 기본!

03 다음 글의 주제로 가장 적절한 것은?

Listening to somebody else's ideas is the one way to know whether the story you believe about the world — as well as about yourself and your place in it — remains intact. We all need to examine our beliefs, air them out and let them breathe. Hearing what other people have to say, especially about concepts we regard as foundational, is like opening a window in our minds and in our hearts. Speaking up is important. Yet to speak up without listening is like banging pots and pans together: even if it gets you attention, it's not going to get you respect. There are three prerequisites for conversation to be meaningful: 1. You have to know what you're talking about, meaning that you have an original point and are not echoing a worn-out, hand-me-down or pre-fab argument; 2. You respect the people with whom you're speaking and are authentically willing to treat them courteously even if you disagree with their positions; 3. You have to be both smart and informed enough to listen to what the opposition says while handling your own perspective on the topic with uninterrupted good humor and discernment.

① We should be more determined to persuade others.
② We need to listen and speak up in order to communicate well.
③ We are reluctant to change our beliefs about the world we see.
④ We hear only what we choose and attempt to ignore different opinions.

Answer

03 정답 ②

해석

다른 사람의 생각을 듣는 것은 — 당신 자신과 세상 안에 있는 당신의 위치에 대해서 뿐만 아니라 — 세상에 대해 당신이 믿는 이야기가 온전한 것인지 아닌지를 알 수 있는 유일한 방법이다. 우리 모두는 우리의 신념을 검토하고 그것들을 공개적으로 토의하고 그것들이 호흡하도록 둘 필요가 있다. 다른 사람들이, 특히 우리가 기본적이라고 여기는 개념에 대해 말해야 하는 것을 듣는 것은 우리 마음과 가슴의 창문을 여는 것과 같다. 의견을 말하는 것은 중요하다. 그러나 듣지 않고 의견을 말하는 것은 냄비와 팬을 함께 세게 두드리는 것과 같다: 비록 그것이 당신에게 관심을 갖게는 할지라도 당신을 존중하게 하지는 못할 것이다. 대화가 의미를 갖게 되도록 하는 데 있어 세 가지 전제조건이 있다:
1. 당신이 무엇에 대해 말하고 있는지 알아야 하고, 이는 당신이 독창적인 견해를 가지며 진부하고 독창성 없는 미리 만들어 낸 주장을 그대로 따라 하지 않는다는 것을 의미한다.
2. 당신은 당신이 이야기 하고 있는 사람들을 존중하고 비록 당신이 그들의 입장에 동의하지 않더라도 진정으로 그들을 예의바르게 대하려고 한다. 3. 당신은 계속하여 좋은 유머와 분별력을 가지고 주제에 대한 자신의 관점을 다루면서 상대방이 말하는 것을 들을 만큼 똑똑하고 충분한 정보가 있어야 한다.

① 우리는 다른 사람들을 설득하는 데 좀 더 단호해져야 한다.
② 우리는 대화를 잘하기 위해서 듣고 의견을 말해야 할 필요가 있다.
③ 우리는 우리가 보는 세상에 대한 믿음을 바꾸는 데 주저한다.
④ 우리는 우리가 선택한 것만 듣고 다른 의견들을 무시하려고 애쓴다.

어휘

well-respected 매우 존경받는
share 몫, 부담
go for ~에 해당되다
contemplate 바라보다, 응시하다
matter 중요하다
count 중요하다
beholder 보는 사람
fellow 동료
above all 무엇보다도, 특히
intend 의도하다
critic 비평가

04 다음 글의 제목으로 가장 적절한 것은?

During the late twentieth century socialism was on the retreat both in the West and in large areas of the developing world. During this new phase in the evolution of market capitalism, global trading patterns became increasingly interlinked, and advances in information technology meant that deregulated financial markets could shift massive flows of capital across national boundaries within seconds. 'Globalization' boosted trade, encouraged productivity gains and lowered prices, but critics alleged that it exploited the low-paid, was indifferent to environmental concerns and subjected the Third World to a monopolistic form of capitalism. Many radicals within Western societies who wished to protest against this process joined voluntary bodies, charities and other non-governmental organizations, rather than the marginalized political parties of the left. The environmental movement itself grew out of the recognition that the world was interconnected, and an angry, if diffuse, international coalition of interests emerged.

① The affirmative phenomena of globalization in the developing world in the past
② The decline of socialism and the emergence of capitalism in the twentieth century
③ The conflict between the global capital market and the political organizations of the left
④ The exploitative characteristics of global capitalism and diverse social reactions against it

Answer

04 정답 ④

해석

20세기 후반에는, 사회주의는 서구와 개발도상국의 넓은 지역에서 후퇴하고 있었다. 시장 자본주의 진화의 이 새로운 국면에서, 세계무역 패턴은 점점 더 상호 연결되었고, 정보 기술의 발전은 규제가 철폐된 금융 시장이 몇 초 만에 국가 경계를 넘어 거대한 자본의 흐름을 바꿀 수 있다는 것을 의미했다. '세계화'는 무역을 활성화시키고, 생산성 향상을 장려하고, 가격을 낮췄으나, 비판자들은 그것이 저임금 노동자들을 착취하고, 환경 문제에 무관심하며 제3세계를 독점적 형태의 자본주의에 종속시켰다고 주장했다. 이 과정에 반대하고자 했던 서구 사회 내 많은 급진주의자들은 좌파의 뒤처진 정당들보다는 자발적 단체, 자선단체, 그리고 다른 비정부기구들에 가입했다. 환경 운동 자체는 세계가 서로 연결되어 있다는 인식에서 비롯되었으며, 확산된 경우, 분노한 국제적 이익 연합이 출현했다.

어휘

retreat 후퇴
advance 발전
shift 옮기다, 바꾸다
phase 단계, 국면
deregulate 규제를 철폐하다
massive 거대한

Pattern 3	문제점, 부정적 상황(-)
Point	1 해결책(+) 2 원인, 현상 분석

05 다음 글의 주제로 가장 적절한 것은?

Americans have paid $15 trillion in a noble but misguided effort to use government agencies and statist policies over the past 50 years. Yet, the poverty rate never fell below 10.5 percent and is now near 15.1 percent, Americans have lost 55 percent of their wealth in the past five years, and nearly 50 million Americans are struggling to make a living. Meanwhile, 126 agencies spending $1 trillion a year cannot seem to gain any ground. Statistics, however, fail to show the reality of the daily suffering endured by single mothers, working parents, and children in inner cities. Some serious flaws in the poverty rate's calculation exist and are worth addressing. However, no one seriously doubts the prevalence or the destructive nature of poverty on both the national and international scale. For decades, progressive policies have trapped generations of Americans in poverty, bad schools and crime-ridden neighborhoods.

① It's time for a better war on poverty.
② Economic statistics has been effective in political decision.
③ American government agencies have been successful in helping those who are in need.
④ Tax reform is necessary to mitigate the poverty.

Answer

05 정답 ①

해석

지난 50년간 미국인들은 정부관계기관이나 국가 통제 정책을 사용하기 위한 숭고하지만 그릇된 노력에 15조 달러를 사용해 왔다. 그럼에도 불구하고 빈곤률은 10.5% 이하로 떨어지지 않았고 지금은 거의 15.1%에 달한다. 미국인들은 지난 5년간 그들의 부의 55%를 잃었고, 거의 5천만 명의 미국인들이 생활고에 시달리고 있다. 한편, 1년에 1조를 쓰는 126개의 기관들은 전혀 진척이 없다. 그러나 미혼모, 맞벌이 부모, 도심지역의 아이들이 견디는 매일의 고통스러운 현실을 통계가 보여주지 않는다. 빈곤률 계산의 심각한 오류는 존재하며 고심할 가치가 있다. 그러나 국내외 차원의 빈곤이 갖는 파괴적 성질이나 일반성에 대하여 그 누구도 의심해 보지 않는다. 수십 년간 진보적 정책들이 미국인을 세대에 걸쳐 가난, 나쁜 학교, 우범지대에 갇히게 했다.

① 가난에 대한 보다 나은 전쟁이 필요한 때이다.
② 경제적 통계는 정치적 결정에 있어서 효과적이었다.
③ 미국 정부 기관들은 필요한 사람들을 성공적으로 도와주고 있다.
④ 세제 개혁은 빈곤 경감에 필요하다.

어휘

noble 고결한, 상류층의
struggling 노력하는
Statistics 통계, 통계학
statist 주권의, 통제의
Meanwhile 그동안
prevalence 우세함, 널리퍼짐

06 다음 글의 제목으로 가장 적절한 것은?

Emotional eating behaviors can have roots in childhood. When a parent has issues with a child's eating or weight, that parent may set limits on eating or criticize the child's behavior. This often leads to the child's sneaking food and lying about eating. This problem can carry into adulthood, especially when weight continues to be an issue. Wanting to avoid criticism or even any discussion of weight, the now-adult child is likely to continue to lie or to get angry with or resent parents or other adults who disapprove. Past experience with a parent playing "food policeman" can set up an unhealthy psychological situation from which emotional eating often results. Many people in this situation talk of having an internal "rebel" that rejects any attempts to set limits on their eating, even self-imposed limits. The emotional connection between past humiliation and the need for more adaptive behavior in the present is the challenge to be met in such cases.

*sneak 몰래챙기다 **rebel 반항아

① tools to stop children's emotional eating
② kinds of parental concerns about a child
③ parental impact on a child's emotional eating
④ parents' efforts to maintain ties with their child

06 정답 ③

해석

감정적으로 먹는 행동은 어린 시절에 뿌리를 둘 가능성이 있다. 부모가 자녀의 섭식이나 체중에 문제를 삼을 때, 그 부모는 섭식에 제한을 두거나 자녀의 행동을 비판할 수도 있다. 이렇게 하면 흔히 자녀는 몰래 음식을 챙기고 먹는 것에 대해 거짓말을 하게 된다. 이 문제는 성인기까지 이어질 수 있는데, 특히 체중이 계속 문제가 될 때 그러하다. 비판이나 심지어 체중에 대한 어떠한 논의도 피하기를 원하므로, 이제 성인이 된 자녀는 아마도 계속해서 거짓말을 하거나 못마땅해하는 부모 혹은 다른 어른들에게 화를 내거나 분개할 것이다. '음식 경찰관' 역할을 하는 부모와의 과거 경험은 감정적인 먹기가 흔히 비롯되는 건강하지 못한 심리적 상황의 원인이 될 수 있다. 이러한 상황에서 많은 사람들은 자신의 먹는 것에 대해 제한하려는 어떠한 시도도, 심지어는 자기 자신이 부과한 제한조차 거부하는 내부의 '반항아'를 지니고 있음에 대해 말한다. 과거의 굴욕과 현재 더 적응력 있는 행동의 필요성 사이에 감정적 연결은 그런 경우에 잘 대처되어야 할 난국이다.

① 자녀의 감정적 먹기를 중단시킬 수단
② 자녀에 대한 부모의 걱정의 종류
③ 자녀의 감정적 먹기에 대한 부모의 영향
④ 자녀와 관계를 유지하고자 하는 부모의 노력

어휘

criticism 비판
internal 내부의
disapprove 비난하다, 반대하다
parental 부모의

통념 – 반박

Point 역접의 연결어
but, however, yet, Still, while, in contrast, on the other hand 주목

07 다음 글의 주제로 가장 적절한 것은?

For many people, work has become an obsession. It has caused burnout, unhappiness and gender inequity, as people struggle to find time for children or passions or pets or any sort of life besides what they do for a paycheck. But increasingly, younger workers are pushing back. More of them expect and demand flexibility — paid leave for a new baby, say, and generous vacation time, along with daily things, like the ability to work remotely, come in late or leave early, or make time for exercise or meditation. The rest of their lives happens on their phones, not tied to a certain place or time — why should work be any different?

① ways to increase your paycheck
② obsession for reducing inequity
③ increasing call for flexibility at work
④ advantages of a life with long vacations

Answer

07　정답 ③

해석

많은 사람들에게, 일은 강박이 되었다. 사람들이 급료를 받고 하는 일 외에 아이들, 취미 활동, 애완동물, 또는 어떤 종류의 생활을 위해서든 시간을 내려고 애를 쓰면서 그것은 극도의 피로, 불행, 그리고 남녀의 불평등을 유발했다. 하지만 점차, 젊은 근로자들이 반발하고 있다. 그들 중 더 많은 이들이 유연성을 기대하고 요구한다. — 예를 들어, 원격 근무, 늦은 출근이나 이른 퇴근, 또는 운동이나 명상을 위해 시간을 낼 수 있는 것처럼 일상적인 문제들과 더불어, 신생아를 위한 유급 휴가와 넉넉한 휴가 기간. 그들 삶의 나머지 부분이 특정한 장소나 시간에 얽매이지 않은 채, 전화기 상에서 벌어진다. — 일이라고 해서 다를 것이 있겠는가?
① 당신의 급료를 올리는 방법들
② 불평등을 줄이는 것에 대한 강박
③ 근무 유연성에 대한 늘어나는 요구
④ 긴 휴가를 누리는 삶의 이점

어휘

burnout 지침
obsession 강박
push back 반박하다
meditation 명상
inequity 불평등
paycheck 급료
remotely 멀리 떨어진

| Pattern 5 | 질문?(중심소재) – 대답(주제, 키워드) |

Point 질문이 나오면 대답이 주제!
멈춘 후 보기 비교선택 그 뒤에 예시 읽지 않아야 논점이 흔들리지 않음!

08 다음 글의 제목으로 가장 적절한 것은?

Dubai is one of the hottest and driest places on earth. In the past, there was no air-conditioning, or even electricity. How did people in Dubai survive in this severe weather? They invented a type of air-conditioning that did not require electricity: the wind tower. A wind tower stands tall above a house. It catches the wind and moves it inside. The air is cooled down when it meets cold water that flows through the underground canal in the building. This air cools the inside of the building. The buildings are made with thick walls and have small windows; these help keep cool air in and heat out. Most houses are built very close together with high walls and ceilings. This also helps create more shade and reduce heat. Although modern buildings in Dubai are air-conditioned and no longer use wind towers for cooling, wind towers still remain an important architectural symbol in Dubai.

① the history of air-conditioning systems
② different ways to build towers in Dubai
③ the difficulties of living in a dry climate
④ how houses were traditionally cooled in Dubai

Answer

08 정답 ④

해석

두바이는 지구상에서 가장 덥고 건조한 지역 중 한 곳이다. 과거에는 전기는커녕 냉방도 없었다. 두바이 사람들은 어떻게 이러한 혹독한 날씨 속에서 살아남았을까? 그들은 전기를 요하지 않는 일종의 냉방 장치를 발명했는데, 바로 윈드타워(wind tower)이다. 윈드타워는 집 위에 높게 세워져 있다. 그것은 바람을 확보해 내부로 이동시킨다. 공기는 건물의 지하 수로를 흐르는 찬물과 만날 때 시원해진다. 이 공기가 건물 내부를 식히는 것이다. 건물들은 두꺼운 벽으로 만들어지고, 작은 창들이 있다. 이것들이 찬 공기는 내부에, 열은 외부로 유지하는 것을 도와준다. 대부분의 집들은 높은 벽과 천장을 지닌 채로 서로 매우 가깝게 지어져 있다. 이 또한 더 많은 그늘을 만들고 열을 줄이는 데 도움이 된다. 두바이에 있는 현대의 건물들은 냉방이 되며, 냉방을 위해 윈드타워가 더 이상 사용되지 않지만 윈드타워는 여전히 두바이의 중요한 건축적 상징으로 남아있다.

어휘

air-conditioning 냉방 장치, 에어컨
require 요구하다, 필요로 하다
ceiling 천장
climate 기후
severe 극심한, 가혹한
canal 수로
architectural 건축상의

 **전문가, 사람이름, 유명인, 과학자, 연구자 등장 → 반드시 주제!**

Point 객관성, 신빙성, 타당성을 전달하기 위해서 쓰는 장치로, 무조건 주제와 관련이 있다.

09 다음 글의 제목으로 가장 적절한 것은?

The personalities of people in groups speaking different languages often can diverge. A study revealed that personality tests taken by English-speaking Americans and Spanish-speaking Mexicans differ reliably: The Americans were found to be more extroverted, more agreeable, and more conscientious than the Mexicans. But why? To see if language might play a role in this difference, the researchers then sought out Spanish-English bilinguals in Texas, California, and Mexico and gave them the personality scale in each language. And in fact, language was a key: Scores of the bilingual participants were more extroverted, agreeable, and conscientious when they took the test in English than when they took it in Spanish.

① the procedure of developing a personality scale
② the influence of language on personality differences
③ test-taking strategies of bilinguals in personality
④ the role of environment in language learning

Answer

09

정답 ②

해석
다른 언어를 사용하는 그룹의 사람들의 성격은 종종 다를 수 있다. 한 연구는 영어를 사용하는 미국인과 스페인어를 사용하는 멕시코인에 의해 치러진 성격 테스트가 확실히 다르다는 것을 밝혔냈다. 미국인들은 멕시코인들보다 더 외향적이고, 더 상냥하고, 더 양심적인 것으로 밝혀졌다. 하지만 왜 그랬을까? 언어가 이러한 차이에 역할을 할 수 있는지 알아보기 위해, 연구원들은 텍사스, 캘리포니아, 멕시코에서 스페인어와 영어 이중 언어를 구사하는 사람들을 찾아냈고, 그들에게 각 언어의 성격 척도를 주었다. 그리고 사실, 언어가 중요한 것이었다. 이중언어 참가자 중 수십 명은 스페인어로 시험을 볼 때보다 영어로 시험을 볼 때 더 외향적이고, 상냥하고, 양심적이었다.

어휘
diverge 갈리다, 달라지다
reliably 믿을 수 있게, 확실히
agreeable 기분 좋은, 유쾌한
extrovert 외향적인, 사교적인
reveal 나타내다, 드러내다
conscientious 양심적인, 성실한
bilingual 2개 국어를 하는

10 다음 글의 주제로 가장 적절한 것은?

Do people from different cultures view the world differently? A psychologist presented realistic animated scenes of fish and other underwater objects to Japanese and American students and asked them to report what they had seen. Americans and Japanese made about an equal number of references to the focal fish, but the Japanese made more than 60 percent more references to background elements, including the water, rocks, bubbles, and inert plants and animals. In addition, whereas Japanese and American participants made about equal numbers of references to movement involving active animals, the Japanese participants made almost twice as many references to relationships involving inert, background objects. Perhaps most tellingly, the very first sentence from the Japanese participants was likely to be one referring to the environment, whereas the first sentence from Americans was three times as likely to be one referring to the focal fish.

① Language Barrier Between Japanese and Americans
② Associations of Objects and Backgrounds in the Brain
③ Cultural Differences in Perception
④ Superiority of Detail-oriented People

Answer

10 정답 ③

해설

다른 문화의 사람들이 세상을 다르게 바라볼까? 한 심리학자가 실감나는 물고기 및 기타 수중 물체의 영상을 일본과 미국인 학생들에게 보여주었고 그들이 본 것을 보고하도록 요청했다. 미국인들과 일본인들은 주요 물고기들에 관해서는 거의 동일한 수의 언급을 했으나, 일본인들은 물, 돌, 물방울, 그리고 비활성 동식물을 포함한 배경 요소에 관해 60% 이상 더 많은 언급을 했다. 게다가, 일본인과 미국인 참가자들이 활동적인 동물들과 관련된 움직임에 관해 거의 비슷한 수의 언급을 한 반면, 일본인 참가자들은 비활동적인 배경 물체와 관련된 관계에 관한 언급을 거의 2배 정도 더 많이 했다. 아마 가장 강력한 차이는, 일본인 참가자들이 제일 처음 말한 문장은 환경을 나타내는 것인 반면, 미국인들의 첫 번째 문장은 주요 물고기를 언급하는 것일 가능성이 3배나 높았다.

① 일본인과 미국인 사이의 언어장벽
② 뇌에서 물체와 배경의 연상
③ 인식의 문화적 차이
④ 꼼꼼한 사람들의 우월성

어휘

reference 언급
inert 비활성의, 비활동적인
language barrier 언어장벽
perception 인식, 인지, 지각
detail-oriented 세부적인 것을 중요시하는, 꼼꼼한
focal 주요한, 초점의
tellingly 강력하게
association 연상, 유대, 제휴
superiority 우월성, 우수성

11 다음 글의 제목으로 가장 적절한 것은?

The future may be uncertain, but some things are undeniable: climate change, shifting demographics, geopolitics. The only guarantee is that there will be changes, both wonderful and terrible. It's worth considering how artists will respond to these changes, as well as what purpose art serves, now and in the future. Reports suggest that by 2040 the impacts of human-caused climate change will be inescapable, making it the big issue at the centre of art and life in 20 years' time. Artists in the future will wrestle with the possibilities of the post-human and post-Anthropocene — artificial intelligence, human colonies in outer space and potential doom. The identity politics seen in art around the #MeToo and Black Lives Matter movements will grow as environmentalism, border politics and migration come even more sharply into focus. Art will become increasingly diverse and might not 'look like art' as we expect. In the future, once we've become weary of our lives being visible online for all to see and our privacy has been all but lost, anonymity may be more desirable than fame. Instead of thousands, or millions, of likes and followers, we will be starved for authenticity and connection. Art could, in turn, become more collective and experiential, rather than individual.

① What will art look like in the future?
② How will global warming affect our lives?
③ How will artificial intelligence influence the environment?
④ What changes will be made because of political movements?

Answer

11 정답 ①

해석

미래는 불확실할지 모르지만, 기후 변화, 바뀌는 인구 통계, 지정학 같은 어떤 것들은 명백하다. 유일한 보장은 변화가 있을 것이라는 점인데 그 변화는 멋질 수도, 끔찍할 수도 있다. 현재와 미래에 예술이 어떤 목적을 제공할지 뿐만 아니라 이러한 변화에 예술가들이 어떻게 반응할지는 고려해볼 가치가 있다. 보고서는 2040년까지 인간이 초래한 기후 변화의 영향은 피할 수 없을 것이고, 20년 후 예술과 삶의 중심에서 큰 이슈가 될 것이라고 제시하고 있다. 미래의 예술가들은 포스트 휴먼과 포스트 인류세(人類世)의 가능성 — 인공지능(AI), 우주에 있는 인간의 식민지, 그리고 잠재적 파멸과 씨름할 것이다. #미투(MeToo)와 흑인 민권 운동(Black Lives Matter: 흑인 생명도 중요하다)을 둘러싼 예술에서 볼 수 있는 정체성의 정치학은 환경 결정론, 경계 정치, 이주가 훨씬 더 뚜렷해지면서 성장하게 될 것이다. 예술은 점점 더 다양해질 것이고 우리가 기대하는 것만큼 '예술처럼 보이지' 않을 수도 있다. 미래에, 모두가 보는 온라인에서의 가시적인 우리의 삶에 우리가 싫증나게 되고 우리의 사생활이 거의 없어지면, 익명성이 명성보다 더 바람직할지도 모른다. 수천 또는 수백만의 '좋아요'와 '팔로워'들 대신에, 우리는 진실성과 관계에 굶주리게 될 것이다. 예술은 결국 개인보다는 좀 더 집단적이고 경험적이게 될 수 있다.

① 예술은 미래에 어떤 모습일까?
② 지구 온난화는 우리의 삶에 어떤 영향을 미칠까?
③ 인공지능이 환경에 어떤 영향을 미칠까?
④ 정치운동으로 인해 어떤 변화가 일어날까?

어휘

uncertain 불확실한
demographics 인구통계
inescapable 달아날 수 없는, 피할 수 없는
undeniable 부정, 부인할 수 없는
guarantee 보증, 담보
wrestle 씨름하다, 싸우다

12 다음 글의 제목으로 가장 적절한 것은?

Scientists hope to someday establish beyond a doubt that aging and all the nefarious things that go with it can be indefinitely postponed simply by reducing the amount of food and calories we consume. Take note that in the prevention of Alzheimer's disease, maintaining an ideal weight may not be enough. Studies have shown that the risk of Alzheimer's disease is more closely linked to caloric intake than to weight or body mass index (BMI). This means that a junk food junkie who is blessed with a high metabolic rate that keeps her from gaining weight may still be at a higher risk for developing a memory problem. If we consider the logic that explains how caloric restriction exerts its beneficial effects on the body and mind, this makes a lot of sense. The amount of age-accelerating *oxygen free radicals generated from our diet is related to the amount of calories we consume, not to our weight. Thus a person with a high metabolic rate who consumes greater calories may actually be producing more harmful forms of oxygen than someone with a slower metabolic rate.

*oxygen free radicals 활성 산소

① The Relation between BMI and Alzheimer's Disease
② The Instruction of How to Reduce the Risk of Alzheimer's Disease
③ The Influence of Ingesting Calories on the Body and Mind
④ The Side Effect of Having Junk Food on Human Metabolism

Answer

12 정답 ③

해석

과학자들은 언젠가 노화와 그와 관련된 모든 부끄러운 것들이 우리가 소비하는 음식과 칼로리의 양을 줄이기만 해도 무한히 연기될 수 있다는 것을 확실히 증명하기를 희망한다. 노인성 치매의 예방에서 이상적인 체중을 유지하는 것만으로는 충분하지 않다는 것을 기억해라. 연구는 노인성 치매의 위험이 체중이나 체질량 지수보다는 칼로리 섭취와 더 밀접하게 관련이 있음을 보여주었다. 이는 체중이 늘지 않도록 해주는 높은 신진대사율의 축복을 받은 인스턴트 음식광들이 기억력 문제를 발생시킬 위험이 여전히 더 높을 수 있다는 것을 의미한다. 만약 우리가 어떻게 칼로리 제한이 신체와 정신에 유익한 영향을 주는가를 설명하는 논리를 생각해 본다면, 이는 상당히 타당하다. 우리의 식단으로부터 생겨나는 노화를 촉진시키는 활성산소의 양은 우리의 체중이 아니라, 우리가 소비하는 칼로리의 양과 관련이 있다. 그러므로 더 많은 칼로리를 소비하는 높은 신진대사율을 가진 사람들은 더 낮은 신진대사율을 가진 사람보다 실제로 더 많은 해로운 산소의 유형들을 생산하는 중일 수 있다.

① 체질량 지수와 노인성 치매의 관계
② 노인성 치매를 감소시키는 방법에 대한 설명
③ 섭취하는 칼로리가 신체와 정신에 끼치는 영향
④ 인스턴트 음식이 인간의 신진대사에 끼치는 부작용

어휘

aging 노화
indefinitely 막연하게, 무기한적으로
nefarious 못된, 사악한
restriction 제약, 한정

Pattern 7 중요 시그널 정리

나오면 무조건! 예외 없음!

13 다음 글의 제목으로 가장 적절한 것은?

Asthma can take a toll on the body leading to long-term problems. Frequent asthma attacks make individuals more susceptible to disease. When the body repeatedly gets less oxygen than it needs, every cell in the body is forced to work harder to compensate. Over time, this can weaken the whole body and make people with asthma more susceptible to contracting other diseases. Chronic inflammation, too, can stress the body and make it more vulnerable to disease. In addition, over a period of time, inflammatory chemicals can erode the lining of the lungs, destroying and damaging cells. Frequent asthma attacks can lead to a barrel-chested appearance. People with asthma repeatedly use muscles to breathe that people without asthma use only after strenuous exercise. These muscles, which surround the neck, ribs, collarbone, and breastbone, help expand the rib cage in order to allow more air to be taken in. When these muscles are used often, the lungs become permanently overinflated and the chest becomes contorted, resulting in a barrel-chested appearance.

① Physical effects of asthma
② How to avoid germ and illness
③ Self-protection from asthma attacks
④ Destruction of immune system by asthma

Answer

13 정답 ①

해석

천식은 장기적인 문제로 이어질 수 있는, 신체에 악영향을 줄 수 있다. 잦은 천식발작은 사람들을 질병에 더욱 취약하게 만든다. 몸이 반복적으로 필요한 것보다 더 적은 산소를 얻게 될 때, 몸 안에 모든 세포는 보완하기 위해서 더 강력하게 작동할 것을 강요받는다. 시간이 흐름에 따라, 이는 몸 전체를 약화시키고, 천식이 있는 사람을 다른 질병에 더욱 걸리기 쉽게 만들 수 있다. 만성적인 염증 역시, 몸에 스트레스를 주고, 질병에 더욱 취약하게 만들 수 있다. 게다가, 일정 시간이 지나고 나면, 염증성 화학물이 세포를 파괴하고 손상을 입히면서 폐의 내벽을 침식시킬 수 있다. 잦은 천식 발작은 가슴이 잘 발달한 듯한 외관을 초래할 수 있다. 천식이 있는 사람들은 천식이 없는 사람들이 고된 운동 후에만 사용하는 근육을 반복적으로 숨 쉬기 위해서 사용한다. 이러한 목, 갈비뼈, 쇄골, 그리고 흉골을 둘러싸는 근육들은 더 많은 공기가 들어올 수 있도록 하기 위해서 흉곽을 팽창시키는 것을 도와준다. 이런 근육들이 자주 사용될 때, 폐는 영구적으로 과도하게 부풀어지고, 가슴은 벌어진 모양을 만들어 내며 일그러진다.

① 천식의 신체상의 영향
② 병균과 질병을 피하는 법
③ 천식 발작으로부터의 자가 보호법
④ 천식에 의한 면역체계 파괴

TIP in addition : 추가적으로 → 더 이상 읽지 말 것!

14 다음 글의 제목으로 가장 적절한 것은?

Warming temperatures and loss of oxygen in the sea will shrink hundreds of fish species — from tunas and groupers to salmon, thresher sharks, haddock and cod — even more than previously thought, a new study concludes. Because warmer seas speed up their metabolisms, fish, squid and other water-breathing creatures will need to draw more oxygen from the ocean. At the same time, warming seas are already reducing the availability of oxygen in many parts of the sea. A pair of University of British Columbia scientists argue that since the bodies of fish grow faster than their gills, these animals eventually will reach a point where they can't get enough oxygen to sustain normal growth. "What we found was that the body size of fish decreases by 20 to 30 percent for every 1 degree Celsius increase in water temperature," says author William Cheung.

① Fish Now Grow Faster than Ever
② Oxygen's Impact on Ocean Temperatures
③ Climate Change May Shrink the World's Fish
④ How Sea Creatures Survive with Low Metabolism

Answer

14 정답 ③

해석

따뜻해지는 기온과 바닷속 산소 감소가—참치와 그루퍼부터 연어, 진환도상어, 해덕 그리고 대구까지—수백 어종의 크기를 이전에 생각했던 것보다 훨씬 더 줄어들게 할 것이라고 새로운 연구는 결론 내렸다. 더 따뜻해진 바다가 그들의 신진대사를 활성화하기 때문에, 물고기, 오징어 그리고 다른 수중 호흡 생물들이 바다에서 더 많은 산소를 마실 것이다. 동시에, 따뜻해지고 있는 바다는 많은 곳에서 이미 이용 가능한 산소를 줄이고 있는 중이다. 브리티시 컬럼비아 대학교의 과학자 두 명은 물고기의 몸이 그들의 아가미보다 더 빠르게 자라고 있기 때문에, 이 동물들은 결국 정상적인 성장을 지속하는 데 충분한 산소를 얻지 못하는 지경에 이를 것이라고 주장한다. "우리가 발견한 것은 물의 온도가 섭씨 1도 높아질 때마다 물고기의 크기가 20~30퍼센트씩 줄어든다는 것이었다."라고 작가 윌리엄 청은 말한다.
① 현재 물고기는 이전보다 더 빨리 성장하고 있다
② 해양 온도에 미치는 산소의 영향
③ 기후 변화가 세계 어종의 크기를 줄어들게 할 수 있다
④ 어떻게 해양 생물은 낮은 신진대사로 생존하는가

어휘

shrink 줄다, 축소하다 metabolism 신진대사
availability 이용가능성 sustain 유지시키다

> **TIP** new, now, today, recently → "현재, 지금"의 상황 강조 단서

15 다음 글의 요지로 가장 적절한 것은?

One way to define organization is to identify its common elements. First, an organization is composed of people. Without people and their interaction, an organization could not exist. Whether as salaried, hourly, or contract employees or volunteers, these organizational members interact with one another and the organization's clients and customers in purposeful goal-directed activity. Interaction in organizations is purposeful because people interact with organizations with a goal in mind. For example, cashiers at the grocery store expect that they will scan the products that customers bring to their checkout lanes. Customers visit the grocery store to buy items and expect products to be on the shelves in a reasonable order. Whether you are the cashier or the customer, you have an expectation about the communication that will occur as you engage in these organizational roles of store clerk and customer. The point here is that people in organizations do not act randomly. Rather, organizations are sites of controlled and coordinated activity.

① An organization can control its members with no special contract.
② An organization is composed of purposeful and coordinated interaction among people.
③ Customers are required to follow the social and organizational behavior in grocery stores.
④ Good modern organizational behavior considers the needs of other members in advance.

Answer

15 정답 ②

해석

조직을 정의하는 한 가지 방법은 이것의 공통된 요소들을 알아보는 것이다. 첫 번째로, 조직은 사람들로 구성되어 있다. 사람과 그들의 교류가 없이는, 조직이 존재할 수가 없다. 봉급을 받는, 시급을 받든, 계약 직원이든 자원봉사자이든 상관없이, 이런 조직의 구성원들 서로, 그리고 조직의 의뢰인과 고객들과 목적의식 있는 목표 지향적인 활동으로 상호작용을 한다. 조직에서 사람들은 목표를 염두에 두고 교류하기 때문에, 조직에서의 상호작용은 목적의식적이다. 예를 들어, 식료품점의 계산원은 손님들이 그들의 계산대로 가지고 오는 제품들을 스캔한다고 예상한다. 고객들은 식료품점에 품목을 사러 방문하고, 제품들이 합리적인 정돈으로 선반에 있으리라 기대한다. 당신이 계산원이든 고객이든 상관없이, 당신은 이러한 가게의 점원과 고객의 조직적 역할에 참여하면서 발생하는 의사소통에 대해서 당신은 예상을 하게 된다. 여기서 요점은 조직에서의 사람들은 무작위로 행동하지 않는다는 점이다. 오히려, 조직은 통제되면서 조화를 이룬 활동의 장소이다.
① 한 조직은 그 구성원들을 특별한 계약 없이 통제할 수 있다.
② 한 조직은 사람들 사이의 목적의식 있고 조화로운 교류로 구성되어 있다.
③ 고객들은 식료품점에서 사회적이고 조직적인 행동을 따르도록 요구된다.
④ 좋은 현대의 조직적 행위는 다른 구성원의 욕구를 우선적으로 고려한다.

TIP 특정 단어 주목 → "그 단어가 지문과 문제의 중심"

key, solution, answer, measure, method, way, alternative, top, foundation, paradox, irony, controversy, emphasis, difference, achievement, excellence, question, debate, mystery, myth, problem, secret, bias, prejudice, stereotype

16 다음 글의 주제로 가장 적절한 것은?

In this world, being smart or competent isn't enough. People sometimes don't recognize talent when they see it. Their vision is clouded by the first impression we give and that can lose us the job we want, or the relationship we want. The way we present ourselves can speak more eloquently of the skills we bring to the table, if we actively cultivate that presentation. Nobody likes to be crossed off the list before being given the opportunity to show others who they are. Being able to tell your story from the moment you meet other people is a skill that must be actively cultivated, in order to send the message that you're someone to be considered and the right person for the position. For that reason, it's important that we all learn how to say the appropriate things in the right way and to present ourselves in a way that appeals to other people — tailoring a great first impression.

*eloquently 설득력 있게

① difficulty of presenting yourself in public
② risks of judging others based on first impressions
③ factors keeping you from making great impressions
④ necessity of developing the way you show yourself

Answer

16 정답 ④

해석

이 세상에서 똑똑하거나 능력이 있는 것만으로는 충분하지 않다. 사람들은 때때로 그들이 재능을 볼 때, 그것을 알아차리지 못한다. 그들의 시야는 우리가 주는 첫인상에 의해 가려지고 그리고 그것은 우리가 원하는 일 또는 우리가 원하는 관계를 잃게 할 수 있다. 우리가 우리 스스로를 보여주는 방식은 만약 우리가 그러한 보여주기를 적극적으로 계발한다면, 우리가 기여할 기술들에 대해 더 설득력 있게 말해줄 수 있다. 어느 누구도 다른 사람들에게 그들(자신)이 누구인 지를 보여줄 기회를 제공받기 전에 목록에서 지워지는 것을 좋아하지 않는다. 당신이 다른 사람을 만나는 그 순간부터 당신의 이야기를 말할 수 있는 것은 당신이 고려되어야 할 누군가이고 그 자리에 적합한 사람이라는 메시지를 전달하기 위해서 적극적으로 계발되어야만 하는 기술이다. 그러한 이유로, 우리 모두는 올바른 방식으로 적절한 것들을 말하는 방법과 다른 사람에게 매력적인 방식으로 우리 스스로를 보여주는 방법을 배우는 것이 중요하다 — 훌륭한 첫인상을 재단하는 것이다.

17 다음 글의 제목으로 가장 적절한 것은?

A reporter's job is to present a balanced story. As you read, listen to and watch the news, you may notice stories that you think are biased. One of the forms in which bias occurs is leaving one side out of an article, or a series of articles over a period of time; ignoring facts that tend to disprove liberal or conservative claims, or that support liberal or conservative beliefs. Bias by omission can occur either within a story, or over the long term as a particular news outlet reports one set of events, but not another. To find instances of bias by omission, be aware of the conservative and liberal perspectives on current issues. See if both the conservative and liberal perspectives are included in stories on a particular event or policy.

① responsibilities of a newspaper reporter
② ways to avoid bias when writing an article
③ the impact of news bias on readers' beliefs
④ how bias by omission is created in the news

Answer

17 정답 ④

해석
기자의 일은 균형 잡힌 기사를 제공하는 것이다. 여러분이 뉴스를 읽고 듣고 볼 때, 편향적이라고 생각하는 기사가 눈에 띌지도 모른다. 편향이 발생하는 형태 중 한 가지는 한쪽 편을 하나의 기사 또는 일정 기간 동안의 일련의 기사에서 제외하는 것이다. 즉 진보적 혹은 보수적 주장을 논박하는 경향이 있거나, 진보적 혹은 보수적 신념을 지지하는 사실을 무시하는 것이다. 생략에 의한 편향은, 한 편의 기사 안에서나, 혹은 특정 뉴스 매체가 한 가지 경향의 사건은 보도하지만 다른 경향의 사건은 보도하지 않을 때 장기간에 걸쳐 발생할 수 있다. 생략에 의한 편향의 사례를 찾아보려면, 현재의 문제들에 대한 보수적 혹은 진보적인 견해에 유의하라. 보수적 혹은 진보적 견해가 모두 특정한 사건이나 정책에 관한 기사에 포함되어 있는지 알아보라.
① 신문 기자의 책임감
② 기사를 쓸 때 편향을 피하는 방법
③ 뉴스 편향이 독자의 신념에 끼치는 영향
④ 뉴스에서 생략에 의한 편향이 어떻게 만들어지는가

어휘
biased 편향된, 치우친   liberal 진보의, 자유주의의
conservative 보수적인   omission 생략, 소홀

TIP one of + N → 주제 관련 문장

CHAPTER 1 주제, 제목, 요지, 주장   113

18 다음 글의 요지로 가장 적절한 것은?

Mark Twain, who knew as much about talking as he did about the humans who do it, wrote, "The difference between the almost-right word and the right word is really a large matter-it's the difference between the lightning bug and the lightning." Remember that the right word-the one instantly recognized and understood by your listener-is most often a simple word. For some reason, there's a natural human tendency to throw in a new buzzword or a recently popularized word, to make our speech sound more up-to-date. With the speed and reach of modern communications, new words and usages spread rapidly across the country. Unfortunately some of these new words don't do anything to improve our ability to communicate.

① An almost-right word is the right word if it's simple.
② It's important to know specific popular words to communicate.
③ A simple word can be a right word that is clear to the listener.
④ New words that sound more updated are right words to express meanings.

Answer

18 정답 ③

해석

마크 트웨인은 그것을 하는 인간들에 대해 하는 것만큼 말하는 것에 대해 잘 알고 있었고, "거의 옳은 단어와 옳은 단어 사이의 차이는 정말 큰 문제 – 그것은 번개 벌레와 번개의 차이"라고 썼다. 올바른 단어, 즉 듣는 사람에 의해 즉시 인식되고 이해되는 단어가 가장 간단한 단어라는 것을 기억하라. 어떤 이유에서인지, 새로운 유행이나 최근 대중화 된 단어 안에 우리의 연설이 더 최신의 것으로 보이게 하기 위해서 빨려 들어가는 자연스러운 인간의 경향이 있다. 현대 커뮤니케이션의 속도와 도달로, 새로운 단어와 사용은 전국적으로 빠르게 퍼져나갔다. 불행히도 이 새로운 단어들 중 일부는 우리의 의사소통 능력을 향상시키는데 아무런 도움이 되지 않는다.

① 거의 옳은 단어는 만약 그것이 단순하다면 옳은 단어이다.
② 의사소통하기 위해 특정한 대중적인 단어들을 하는 것은 중요하다.
③ 단순한 단어는 듣는 사람에게 명확한 옳은 단어일 수 있다.
④ 더 유행하는 것처럼 들리는 새로운 단어는 의미를 표현하는 옳은 단어이다.

어휘

instantly 즉시
tendency 경향
up-to-date 최신의
recognize 인식하다
buzzword 유행어
usage 사용

노트 TIP 명령문, must, should, have to, need to, had better + R

19 필자의 주장으로 가장 적절한 것은?

> I have always taught my children that politeness, learning, and order are good things, and that something good is to be desired and developed for its own sake. But at school they learned, and very quickly, that children earn Nature Trail tickets for running the quarter-mile track during lunch recess. or Lincoln dollars for picking up trash on the playground or for helping a young child find the bathroom — deeds that used to be called 'good citizenship'. Why is it necessary to buy the minimal coorperation of children with rewards or treats? What disturbs me is the idea that good behavior must be reinforced with incentives. Children must be taught to perform good deeds for their own sake, not in order to receive stickers, stars, and candy bars.

① 아이들은 예절에 관한 교육을 잘 받아야 한다.
② 금전적이거나 물질적인 보상은 아이를 망친다.
③ 아이들이 보상 없이도 선행하도록 교육시켜야 한다.
④ 효과적인 교육을 위해서는 적절한 칭찬을 해주어야 한다.

Answer

19 정답 ③

해석

예절, 학문, 그리고 질서가 좋은 것들이며 좋은 것은 그것 자체를 위해 원하고 발달시켜야 한다고 나의 아이들에게 항상 가르쳐 왔다. 그러나 점심시간에 400미터 달리기를 하면 Nature Trail 표를, 운동장에서 쓰레기를 줍거나 더 어린 아이에게 화장실을 찾도록 도와주면 Lincoln dollars를 얻을 수 있다고 너무도 빠르게 우리아이들은 학교에서 배웠다. 이러한 행동들은 옛날에는 훌륭한 시민의식이라고 불렸다. 왜 아이들의 최소한 협력을 보상이나 먹을 것으로 매수하는 게 필요한가? 나를 당황스럽게 하는 것은 선행이 인센티브와 함께 강화되어야 한다고 생각하는 것이다. 아이들에게 스티커나 별이나 막대사탕을 받기위해서가 아니라 선행을 위한 선행을 하도록 가르쳐야 한다.

어휘

nutritional 영양의
commitment 헌신, 약속, 전념
challenge 요구, 필요, 문제
meet 충족시키다
deficiency 결핍, 부족
athlete 운동선수
recreational 레크리에이션의, 오락의
involvement 관여, 연루, 참가
sound 충분한, 건강한

빈칸, 순서, 삽입, 내용일치

Pattern 1 빈칸

Point
1. 주제 관련
2. 빈칸 주변 단서 + 말 바꾸기

TIP 주제와 관련이 없는 빈칸 문제 없음!
전문해석을 해야 한다는 고정관념부터 버릴 것

01 다음 빈칸에 들어갈 말로 가장 적절한 것은?

Water and civilization go hand-in-hand. The idea of a "*hydraulic civilization" argues that water is the unifying context and justification for many large-scale civilizations throughout history. For example, the various multi-century Chinese empires survived as long as they did in part by controlling floods along the Yellow River. One interpretation of the hydraulic theory is that the justification for gathering populations into large cities is to manage water. Another interpretation suggests that large water projects enable the rise of big cities. The Romans understood the connections between water and power, as the Roman Empire built a vast network of **aqueducts throughout land they controlled, many of which remain intact. For example, Pont du Gard in southern France stands today as a testament to humanity's investment in its water infrastructure. Roman governors built roads, bridges, and water systems as a way of _____.

*hydraulic 수력학의 **aqueduct 송수로

① focusing on educating young people
② prohibiting free trade in local markets
③ concentrating and strengthening their authority
④ giving up their properties to other countries

Answer

01

정답 ③

해석

물과 문명은 서로 동반된다. "수력학 문명"이라는 생각은 물이 역사에 걸쳐 많은 대규모 문명의 통합적 배경이며 정당한 이유라고 주장한다. 예를 들어, 다양한 다세기 중국 제국들은 어느 정도는 황하강의 홍수를 통제함으로써 그들이 살아남은 만큼 오래 살아남았다. 수력학 이론의 한 가지 해석은 대도시로의 인구 모집의 정당한 이유는 물을 관리하기 위한 것이라는 것이다. 또 다른 해석은 대규모 물 프로젝트가 대도시의 발전을 가능하게 한다는 것이다. 로마 제국이 그들이 통치했던 대지에 걸쳐 송수로 망을 건설했던 것처럼 로마인들은 권력과 물의 연결고리를 이해했으며, 그것들 중 많은 것들은 여전히 온전하다. 예를 들어, 남부 프랑스의 Pont du Gard는 오늘날 인류의 수도 시설에의 투자의 증거가 된다. 로마의 총독들은 자신들의 권위를 집중시키고 강화하기 위한 방법으로 도로, 다리, 그리고 수도 시스템을 건설했다.

① 젊은이들 교육에 집중하기
② 지역 시장의 자유 무역을 금지하기
③ 자신들의 권위를 집중시키고 강화하기
④ 자신들의 재산을 다른 나라에 넘겨주기

어휘

civilization 문명
argue 주장하다
context 상황, 문맥
large-scale 대규모의
interpretation 해석
intact 온전한, 전혀 다치지 않은
hand-in-hand 동반하여, 협력하여, 친밀한
unifying 통일하다, 결속하다
justification 타당한[정당한] 이유
empire 제국
vast 막대한, 방대한

02 다음 빈칸에 들어갈 말로 가장 적절한 것은?

Cultural interpretations are usually made _____ on the basis of rather than measurable evidence. The arguments tend to be circular. People are poor because they are lazy. How do we "know" they are lazy? Because they are poor. Promoters of these interpretations rarely understand that low productivity results not from laziness and lack of effort but from lack of capital inputs to production. African farmers are not lazy, but they do lack soil nutrients, tractors, feeder roads, irrigated plots, storage facilities, and the like. Stereotypes that Africans work little and therefore are poor are put to rest immediately by spending a day in a village, where backbreaking labor by men and women is the norm

① statistics
② prejudice
③ appearance
④ circumstances

Answer

02 정답 ②

해석

문화적 이해는 보통 측정할 수 있는 증거보다는 편견에 기초하여 이루어진다. 주장은 순환하는 경향이 있다. 사람들은 게으르기 때문에 가난하다. 우리가 그들이 게으른지 어떻게 "아는가"? 왜냐하면 그들이 가난하기 때문이다. 이러한 이해의 선동자들은 낮은 생산성이 게으름과 노력의 부족이 아니라 생산에의 자본 투입 부족으로 부터 온다는 것을 이해하지 못한다. 아프리카의 농부들은 게으른 것이 아니라 토양분, 트랙터, 지선 도로, 관개 시설이 된 토지, 저장 시설과 같은 것들이 부족한 것이다. 아프리카인들이 일을 거의 하지 않아서 가난하다는 고정 관념은 남녀에 의한 몹시 힘든 노동이 일상인 마을에서 하루를 보냄으로써 바로 잠재워진다.

① 통계
② 편견
③ 외모
④ 환경

어휘

interpretation 해석, 이해
measurable 측정 가능한
circular 순환하는
productivity 생산성
nutrient 영양
on the basis of ~에 기초하여
argument 주장
promoter 주창자, 선동자
input 투입, 입력
vast 막대한, 방대한

03 다음 빈칸에 들어갈 말로 가장 적절한 것은?

There's one problem with the pessimist's perspective: progress is taking place everywhere. Humanity has improved by many measures — life expectancy, education, religious tolerance, and gender equality. But that success has become the water in which we swim, and like fish, we take the water for granted. While we fail to notice the positive, our brains naturally emphasize the negative. As neuropsychologist Rick Hanson described in his 2013 book Hardwiring Happiness, we are designed to focus on the beasts that are still out there in the deep rather than on those we have tamed. But with practice, we can _____. Hanson's advice: when you hear a great story, achieve something in your own life, or just find yourself in a beautiful place with those you love, deliberately rest your mind on that experience and stay with it.

① help our brains give the good stuff equal weight
② gradually adjust to the pessimistic viewpoint
③ altogether avoid seeking out optimism
④ be left feeling helpless and anxious

Answer

03 정답 ①

해석

비관주의자의 관점에는 한 가지 문제가 있다. 바로 발전이 모든 곳에서 일어나고 있다는 것이다. 인류는 기대 수명, 교육, 종교적 관용, 그리고 성평등과 같은 많은 척도로 볼 때 향상되어 왔다. 그러나 그 성공은 우리가 수영하는 물이 되었고, 물고기처럼 우리는 물을 당연시 여긴다. 긍정적인 것들을 알아차리지 못할 때, 우리의 뇌는 자연스럽게 부정적인 것들을 강조한다. 신경심리학자 Rick Hanson이 그의 2013년 저서 Hardwiring Happiness에서 묘사한 것과 같이, 우리는 우리가 길들인 것들보다는 깊은 곳에 여전히 있는 짐승에 더욱 집중하도록 설계되어 있다. 그러나, 연습을 통해 우리는 우리의 뇌가 좋은 것들을 똑같이 중요시하도록 도울 수 있다. Hanson의 조언 다음과 같다. 멋진 이야기를 들을 때나, 인생에서 무언가를 성취하거나, 그저 당신이 사랑하는 사람들과 멋진 장소에 있다는 것을 깨달을 때에, 의도적으로 그 경험에 당신의 마음을 의지하고 그것과 함께 머물러라.
① 우리의 뇌가 좋은 것들을 똑같이 중요시하도록 돕다
② 점진적으로 비관주의적 관점에 적응하다
③ 낙관주의 추구를 전적으로 피하다
④ 무력하고 불안함을 느끼는 채로 남아있다

어휘

pessimist 비관주의자
progress 발전, 진보
measure 척도, 기준
tolerance 관용, 포용력
emphasize 강조하다
tame 길들이다
perspective 관점, 시각
take place 발생하다
life expectancy 기대 수명
take ~ for granted ~을 당연히 여기다
beast 짐승

04 다음 빈칸에 들어갈 말로 가장 적절한 것은?

Excellence is the absolute prerequisite in fine dining because the prices charged are necessarily high. An operator may do everything possible to make the restaurant efficient, but the guests still expect careful, personal service: food prepared to order by highly skilled chefs and delivered by expert servers. Because this service is, quite literally, manual labor, only marginal improvements in productivity are possible. For example, a cook, server, or bartender can move only so much faster before she or he reaches the limits of human performance. Thus, only moderate savings are possible through improved efficiency, which makes an escalation of prices _____. (It is an axiom of economics that as prices rise, consumers become more discriminating.) Thus, the clientele of the fine-dining restaurant expects, demands, and is willing to pay for excellence.

① ludicrous
② inevitable
③ preposterous
④ inconceivable

Answer

04 정답 ②

해석

고급 식당에서는 청구되는 가격이 반드시 높기 때문에 뛰어남은 절대적 전제 조건이다. 경영자는 식당을 효율적으로 만들기 위해 가능한 모든 것을 할지도 모르지만, 손님들은 여전히 정성들인 개개인을 위한 서비스, 즉 매우 숙련된 요리사가 주문에 따라 준비하고 전문 서버가 전달하는 음식을 기대한다. 이 서비스는 말 그대로 수작업이기 때문에 생산성에 있어 미미한 개선만이 가능하다. 예를 들어, 요리사, 서버, 또는 바텐더가 인간 수행능력의 한계에 도달하기까지 겨우 조금 더 빨리 움직일 수 있다. 따라서 겨우 그저 그런 절약만이 효율성 향상을 통해 가능하고, 이는 가격 상승을 불가피하게 한다. (가격이 오르면 소비자들이 더 식별력이 있어지는 것은 경제학의 자명한 이치다.) 그러므로, 이 고급 레스토랑의 손님들은 우수성을 기대하고, 요구하며, 기꺼이 비용을 지불할 것이다.

① 우스운
② 피할 수 없는
③ 터무니없는
④ 상상할 수 없는

어휘

prerequisite 전제 조건　　　　fine dining 고급 식당
escalation 상승　　　　　　　axiom 공리, 자명한 이치
clientele 고객들　　　　　　　be willing to-v 기꺼이 ~하다

Pattern 2 · 연결어 → 연결어 앞뒤 문장 순접 or 역접

Point 전문해석 절대 하지 말 것!
빈칸 앞뒤 흐름이 같은가 변하는가만 따져도 판단 가능!

05 (A)와 (B)에 들어갈 말로 가장 적절한 것은?

Too many businesses fail because their people don't have a clear picture as to what they are, what they do, or why they are in business. __(A)__, they are unable to communicate their "reason for being in business" to the marketplace, and the marketplace becomes confused about its relationship to the company. The end result is that the company loses a lot of business because a confused marketplace doesn't do business with the company. __(B)__, confused buyers don't buy the company's products; confused potential employees don't seek employment with the company; confused vendors don't supply the company with needed products; confused marketers can't clearly communicate the company's message; and confused media don't give the company much-needed publicity.

	(A)	(B)
①	As a result	However
②	As a result	That is
③	In contrast	In Short
④	In contrast	That is

Answer

05 정답 ②

해석

너무 많은 기업들이 직원들이 자신이 무엇인지, 무엇을 하는지, 왜 사업을 하는지에 대한 명확한 그림을 가지고 있지 않기 때문에 실패한다. (A) 결과적으로, 그들은 자신의 "사업을 하는 이유"를 시장에 전달할 수 없게 되고, 시장은 기업과의 관계에 대해 혼란스러워하게 된다. 결국 혼란스러운 시장이 회사와 거래를 하지 않기 때문에 회사는 많은 사업을 잃게 된다. (B) 즉, 혼란스러운 구매자들은 회사의 제품을 사지 않는다. 혼란스러운 잠재적 직원들은 찾지 않는다. 회사에 고용; 혼란스러운 공급업체는 회사에 필요한 제품을 공급하지 않는다. 혼란스러운 마케팅 담당자는 회사의 메시지를 명확하게 전달할 수 없다. 혼란스러운 미디어는 회사에 절실히 필요한 홍보를 제공하지 않는다.

어휘

picture 그리다, 생각하다　　communicate 전달하다
potential 잠재적인　　　　　vendor 상인, 판매자

06 (A)와 (B)에 들어갈 말로 가장 적절한 것은?

Advocates of homeschooling believe that children learn better when they are in a secure, loving environment. Many psychologists see the home as the most natural learning environment, and originally the home was the classroom, long before schools were established. Parents who home-school argue that they can monitor their children's education and give them the attention that is lacking in a traditional school setting. Students can also pick and choose what to study and when to study, thus enabling them to learn at their own pace.   (A) , critics of homeschooling say that children who are not in the classroom miss out on learning important social skills because they have little interaction with their peers. Several studies, though, have shown that the home-educated children appear to do just as well in terms of social and emotional development as other students, having spent more time in the comfort and security of their home, with guidance from parents who care about their welfare.   (B) , many critics of homeschooling have raised concerns about the ability of parents to teach their kids effectively.

	(A)	(B)
①	Therefore	Nevertheless
②	In contrast	In spite of this
③	Therefore	Contrary to that
④	In contrast	Furthermore

Answer

06 정답 ②

해석

홈스쿨링을 지지하는 사람들은 아이들이 안전한 사랑의 환경에 있을 때 더 잘 배운다고 믿는다. 많은 심리학자들은 집을 가장 자연적인 학습 환경으로 보고 있으며, 원래 집은 학교가 설립되기 훨씬 전부터 교실이었다. 홈스쿨링을 하는 학부모들은 자녀의 교육을 관찰할 수 있고 전통적인 학교 환경에서는 부족한 관심을 줄 수 있다고 주장한다. 학생들은 또한 무엇을 공부할지, 언제 공부할지를 선택할 수 있어서 그들 자신만의 속도로 학습할 수 있다. (A) 대조적으로 홈스쿨링에 대한 비평가들은 교실에 있지 않은 아이들은 또래와의 상호작용이 거의 없기 때문에 중요한 사회적 기술을 배우는 것을 놓친다고 말한다. 하지만, 몇몇 연구들은 가정에서 교육받은 아이들도 다른 학생들만큼 사회적이고 정서적인 발달에 있어서 잘하는 것같이 보이고, 그들의 행복에 신경을 쓰는 부모들의 지도와 함께 그들은 가정의 편안함과 안전 속에서 더 많은 시간을 보낸다는 것을 보여주었다. (B) 그럼에도 불구하고, 홈스쿨링에 대한 많은 비평가들이 아이들을 효과적으로 가르칠 수 있는 부모의 능력에 대해 우려를 제기해 왔다.

어휘

Advocate 옹호하다, 옹호자
attention 관심, 집중
setting 환경
concern 걱정, 근심

Pattern 3 순서 → 연결고리(60%) + 해석(40%)

Point

전문 해석 절대 금지!
1 이것만은 앞에 올 수 없다
2 얘 다음엔 반드시 쟤!

🧠 TIP 중요 연결고리
① 연결어 : 접속사(역접접속사), 전명구, 부사
② 지시어 : 지시대명사, 지시형용사(this, that, these, those), such
③ 특정 단서 : a+N → the+N, one-the other, some-others

🧠 TIP this + N : 앞에도 똑같은 명사가 있어야 함!

07 주어진 글 다음에 이어질 글의 순서로 가장 적절한 것은?

That species might spread overseas by hitching lifts on floating vegetation is an idea going back to Charles Darwin. It is a plausible thought, but hard to test. A test of sorts has, however, been made possible by the tsunami that struck the Pacific coast of Japan in 2011.

(A) A lot of marine ones turned up, though, providing work for an army of 80 taxonomists wielding the latest genetic bar-coding equipment.
(B) The incursion and regression of this tsunami dragged with it millions of pieces of debris, many of them buoyant.
(C) Disappointingly for lovers of Darwin's vision of land animals moving from place to place on natural rafts, an intensive examination of 634 objects, ranging from a plastic bottle to a floating dock, failed to reveal any terrestrial species.

① (B) - (A) - (C)
② (B) - (C) - (A)
③ (C) - (A) - (B)
④ (C) - (B) - (A)

Answer

07 정답 ②

해석
이 종은 떠다니는 식물에 리프트를 달아 해외로 퍼질지도 모른다. 찰스 다윈의 아이디어로 거슬러 올라간다. 그것은 그럴듯한 생각이지만, 테스트하기는 어렵다. 그러나 2011년 일본 태평양 연안을 강타한 쓰나미로 인해 일종의 시험이 가능해졌다. (B) 이 쓰나미의 침략과 후퇴는 수백만 개의 파편들을 끌고 갔고, 그들 중 많은 것들이 부력적이었다. (C) 자연 뗏목을 타고 이곳저곳으로 이동하는 육지 동물에 대한 다윈의 비전을 좋아하는 사람들에게는 실망스럽게도, 플라스틱 병에서 물 위에 떠 있는 선착장에 이르는 634개의 물체에 대한 집중적인 조사는 어떤 육지 종도 밝히지 못했다. (A) 그러나 최신 유전자 변형 장비를 사용하는 80명의 분류학자들의 무리에게 연구거리를 제공하면서 많은 해양생물들이 나타났다.

어휘
taxonomist 분류학자   wielding 휘두르는
attention 관심, 집중   concern 걱정, 근심

TIP this + N : 앞에도 똑같은 명사가 있어야 함!

08 주어진 글 다음에 이어질 글의 순서로 가장 적절한 것은?

When people eat, they tend to confuse or combine information from the tongue and mouth (the sense of taste, which uses three nerves to send information to the brain) with what is happening in the nose (the sense of smell, which utilizes a different nerve input)

(A) With your other hand, pinch your nose closed. Now pop one of the jellybeans into your mouth and chew, without letting go of your nose. Can you tell what flavor went into your mouth?

(B) It's easy to demonstrate this confusion. Grab a handful of jellybeans of different flavors with one hand and close your eyes.

(C) Probably not, but you most likely experienced the sweetness of the jellybean. Now let go of your nose. Voilà — the flavor makes its appearance.

① (B) – (A) – (C)
② (B) – (C) – (A)
③ (C) – (A) – (B)
④ (C) – (B) – (A)

Answer

08 정답 ②

해석

사람들은 먹을 때, 혀와 입으로부터 나오는 정보 (미각, 이것은 뇌로 정보를 보내는 3개의 신경을 사용한다)를 코에서 일어나는 일(후각, 다른 신경 투입을 사용한다)과 혼동하거나 결합하는 경향이 있다. (B) 이런 혼동을 입증하는 것은 쉽다. 다른 맛의 젤리빈(젤리과자)을 한 손으로 한 줌 쥐어보라. 그리고 눈을 감아라. (A) 다른 손으로는 코를 꼬집어 막아라. 이제 코를 놓지 않은 상태에서 젤리빈 중 한 알을 입속에 넣고, 씹어보아라. 입 속에 어떤 맛이 들어갔는지 알 수 있는가? (C) 아마도 아닐 것이다. 하지만 당신은 아마 젤리빈의 달콤함을 경험했을 것이다. 이제 코를 놔주어라. 자, 보시라. 그 맛이 그 모습을 드러낸다(맛이 느껴질 것이다).

어휘

nerve 신경
demonstrate 입증하다, 보여주다
a handful of 소수의, 한 줌의
pop 불쑥 내놓다
input 투입, 입력
grab 움켜쥐다
pinch 꼬집다
tell 구별하다, 식별하다

TIP one – the other

09 주어진 글 다음에 이어질 글의 순서로 가장 적절한 것은?

Self-awareness is observed in chimpanzees and the other apes. When chimps are placed in front of a mirror it takes just a few minutes for them to figure out that they are seeing themselves.

(A) Touching the dot on its own forehead shows that the animal understands that it is seeing its own image in the mirror. A chimp will touch the dot on its own forehead. All of the ape species have been found to touch their own forehead while every monkey species touches the dot in the mirror.

(B) They then spend a while examining inside their mouths, the top of their head, and everywhere else they couldn't see before. Monkeys never figure out that they are seeing their own image — or they just don't behave as a human would do as the image is recognized.

(C) One can put a red dot on the forehead of an animal and then place that animal in front of a mirror. We then watch to see whether the animal touches the dot in the mirror or the dot on its own head.

① (B) - (A) - (C)
② (B) - (C) - (A)
③ (C) - (A) - (B)
④ (C) - (B) - (A)

Answer

09 정답 ③

해석

자기 인식은 침팬지와 다른 유인원에서 관찰된다. 침팬지들이 거울 앞에 놓일 때, 그들이 자기 자신들을 보고 있다는 것을 알아내는 데는 몇 분밖에 걸리지 않는다. (B) 그러고 나서 그들은 입 속, 머리 꼭대기, 그리고 전에는 볼 수 없었던 다른 모든 곳을 조사하면서 얼마간의 시간을 보낸다. 원숭이는 자신이 자신의 이미지를 보고 있다는 것을 결코 알아내지 못한다. 즉, 그들은 인간이 이미지를 인식할 때 하는 것처럼 전혀 행동하지 않는다. (C) 동물의 이마에 빨간 점을 찍고 나서 그 동물을 거울 앞에 둘 수 있을 것이다. 그런 다음 우리는 그 동물이 거울의 점을 만지는지, 아니면 자신의 머리 위에 있는 점을 만지는지 알아보기 위해 지켜본다. (A) 자신의 이마에 있는 점을 만지는 것은 그 동물이 거울에서 자신의 이미지를 보고 있음을 이해하고 있다는 것을 보여 준다. 침팬지는 자기 자신의 이마에 있는 점을 만질 것이다. 모든 유인원 종들은 자기 자신의 이마를 만지는 것이 발견된 반면에 모든 원숭이 종은 거울의 점을 만진다.

TIP a+N → the+N

10 주어진 글 다음에 이어질 글의 순서로 가장 적절한 것은?

Rome was not built in a day, nor was it built following any clear-cut plan. Instead, its growth from a few huts above the Tiber River into the world's first giant city was often disorderly.

(A) Rather, it developed as an accumulation of tight- packed buildings and narrow streets interrupted by such immense structures as the Colosseum.

(B) The expanding city was short of space within its walls and spread upwards as well as outwards. Caesar and other emperors tried to plan the city along more rational lines.

(C) However, Rome, unlike ancient Alexandria or Antioch — or Paris or Washington today — was never a city of great avenues.

① (C) − (B) − (A)
② (B) − (A) − (C)
③ (B) − (C) − (A)
④ (C) − (A) − (B)

Answer

10 정답 ③

해석

로마는 하루 만에 건립되지 않았고 어떤 명확한 계획에 따라서 건립되지도 않았다. 대신에, Tiber 강 위쪽의 오두막 몇 개로부터 세계의 첫째가는 거대 도시로의 그것[로마]의 성장은 흔히 무질서했다. (B) 그 팽창되는 도시는 자체의 성벽 내부에서 공간이 부족하여 바깥쪽으로뿐만 아니라 위쪽으로 뻗어 나갔다. 시저와 다른 황제들은 더 합리적인 방향으로 그 도시를 계획하려고 노력했다. (C) 하지만, 로마는 고대의 알렉산드리아나 안티오크와는 달리 ─ 혹은 오늘날의 파리나 워싱턴과는 달리 ─ 대규모 도로로 된 도시가 결코 아니었다. (A) 오히려 그것[로마]은 콜로세움과 같은 아주 거대한 구조물에 의해 가로막힌 빽빽하게 들어찬 건물들과 좁은 길들의 집적물로서 발달하였다.

어휘

accumulation 축적, 누적
outward 밖으로, 외부로
interrupt 중단시키다, 간섭하다
upwards 위로, 상승의
expand 팽창하다
rational 이성적인, 합리적인

TIP not A but B = not, no A – rather / instead B
some – others : 대립관계

11 주어진 글 다음에 이어질 글의 순서로 가장 적절한 것은?

The other day, I was riding the subway and heard two young girls poring over each other's SNS (Social Networking Service) accounts. *pore over 자세히 읽다

(A) But think of how many of those people you actually interact with in a real way. If you think of how many you interact with on a daily basis, the number is probably still smaller.

(B) The other girl responded with a five-digit number, and I watched as the first girl sat back in the subway car, looking deflated. It's easy to get tied up in numbers — how many people you follow, how many follow you, how many likes or comments you get.

(C) "How many followers do you have?" one asked. "Only 300," the other said, sounding dejected. "Why, how many do you have?" **dejected 낙담한

① (C) – (B) – (A)
② (B) – (A) – (C)
③ (B) – (C) – (A)
④ (C) – (A) – (B)

Answer

11 정답 ①

해석

며칠 전에 나는 지하철을 타고 가면서 두 어린 소녀들이 서로의 SNS(소셜 네트워킹서비스) 계정을 자세히 읽으며 얘기하는 것을 들었다. (C) "너는 얼마나 많은 팔로어가 있니?"라고 한 소녀가 물었다. "300명밖에 없어."라고 다른 한 소녀가 낙담하는 것처럼 들리는 소리를 내며 말했다. "그럼, 너는 얼마나 있어?" (B) 다른 한 소녀는 다섯 자리의 수로 대답했다. 그리고 나는 첫 번째 소녀가 기가 꺾여 보이면서 지하철 차량에 편안히 앉는 것을 보았다. 얼마나 많은 사람을 여러분이 팔로우하는지, 얼마나 많은 사람이 여러분을 팔로우하는지, 얼마나 많은 좋아요와 평을 여러분이 받게 되는지와 같이 숫자에 묶이는 것은 쉽다. (A) 하지만 사실상 여러분이 그러한 사람들과 얼마나 많이 실제적인 방법으로 상호작용하는지 생각해 보아라. 여러분이 얼마나 많은 사람들과 매일 상호작용하는지를 생각한다면, 그 숫자는 아마 훨씬 더 적을 것이다.

어휘

interact 상호작용하다   digit 자리(숫자)
deflate (바람, 기분 등이) 빠진   sound ~처럼 들리다

TIP one – the other

12 글의 흐름상 가장 어색한 문장은?

The expression "the straw that broke the camel's back" correctly explains the change from quantity to new quality. ① It may seem that one additional straw could not have that effect, but at some point the weight adds up to an unbearable load. ② Similarly, when a glass of water is cooled by one degree at a time, it reaches a point where the liquid becomes ice, a solid with very different properties. ③ Different materials with different properties are suited to different uses. ④ With this understanding of change, we can look at what seems to be changing slowly at first, then suddenly becomes a very different situation. The polarization of society more and more into two classes can potentially change what has been a seemingly stagnant period into one of dramatic change.

*polarization 양극화 **stagnant 정체된

Answer

12 정답 ③

해석
'낙타의 등을 부러뜨린 지푸라기'라는 표현은 수량에서 새로운 속성으로의 변화를 정확하게 설명한다. 추가된 하나의 지푸라기가 그러한 효과를 낼 수는 없을 것 같지만, 어느 시점에서 무게가 더해져 견딜 수 없는 짐이 된다. 이와 유사하게, 물 한 잔이 한 번에 1도씩 냉각될 때, 그것은 그 액체가 매우 다른 속성을 가진 고체인 얼음이 되는 시점에 도달한다. (서로 다른 속성을 지닌 서로 다른 물질은 서로 다른 용도에 적합하다.) 변화에 대한 이러한 이해와 더불어, 우리는 처음에는 천천히 변하는 것처럼 보이다가, 그런 다음 갑자기 매우 다른 상황이 되는 것을 볼 수 있다. 사회가 점점 더 두 계층으로 양극화되는 것은 겉보기에 정체되어 있는 것 같은 시기를 어쩌면 한 번의 극적인 변화의 시기로 바꿀 수 있다.

TIP likewise, similar(ly), in the same way, by the same token
: 이와 같이, 마찬가지로, 같은 방식으로
one-the other

Pattern 4 삽입 → 해석(60%) + 연결고리(40%) - 순서 연결고리와 같음

Point 어딘가에 집어넣는다는 것은 다른 곳은 앞뒤 연결고리가 잡혀있다는 뜻!

13 다음 주어진 문장이 들어가기에 가장 적절한 곳은?

However, when a bill was introduced in Congress to outlaw such rules, the credit card lobby turned its attention to language.

Framing matters in many domains. (①) When credit cards started to become popular forms of payment in the 1970s, some retail merchants wanted to charge different prices to their cash and credit card customers. (②) To prevent this, credit card companies adopted rules that forbade their retailers from charging different prices to cash and credit customers. (③) Its preference was that if a company charged different prices to cash and credit customers, the credit price should be considered the "normal" (default) price and the cash price a discount — rather than the alternative of making the cash price the usual price and charging a surcharge to credit card customers. (④) The credit card companies had a good intuitive understanding of what psychologists would come to call "framing." The idea is that choices depend, in part, on the way in which problems are stated.

Answer

13 정답 ③

해석

프레이밍(Framing)은 많은 영역에서 중요하다. 신용카드가 1970년대에 인기 있는 지불 방식이 되기 시작했을 때, 몇몇 소매상들은 그들의 현금과 신용카드 고객들에게 다른 가격을 청구하기를 원했다. 이것을 막기 위해서, 신용카드 회사들은 소매상들이 현금과 신용카드 고객들에게 다른 가격을 청구하는 것을 막는 규정을 채택했다. 하지만, 그러한 규정들을 금지하기 위한 법안이 의회에 제출되었을 때, 신용카드 압력단체는 주의를 언어로 돌렸다. 그 단체가 선호하는 것은 만약 회사가 다른 가격을 현금과 신용카드 고객들에게 청구한다면, 현금 가격을 보통 가격으로 만들고 신용카드 고객들에게 추가요금을 청구하는 방안보다는 오히려 신용카드 가격은 "정상"(디폴트) 가격, 현금 가격은 할인으로 여겨져야 한다는 것이었다. 신용카드 회사들은 심리학자들이 "프레이밍"이라고 부르게 된 것에 대한 훌륭한 직관적 이해를 하고 있었다. 이러한 발상은 선택이, 어느 정도는, 문제들이 언급되는 방식에 달려있다는 것이다.

14 다음 주어진 문장이 들어가기에 가장 적절한 곳은?

Yet libraries must still provide quietness for study and reading, because many of our students want a quiet study environment.

Acoustic concerns in school libraries are much more important and complex today than they were in the past. (①) Years ago, before electronic resources were such a vital part of the library environment, we had only to deal with noise produced by people. (②) Today, the widespread use of computers, printers, and other equipment has added machine noise. (③) People noise has also increased, because group work and instruction are essential parts of the learning process. So, the modern school library is no longer the quiet zone it once was. (④) Considering this need for library surroundings, it is important to design spaces where unwanted noise can be eliminated or at least kept to a minimum.

Answer

14 정답 ④

해석
학교 도서관에서 소리에 대한 염려는 과거보다 오늘 날 훨씬 더 중요하고 복잡하다. 오래 전, 전자 장비들이 도서관 환경의 아주 중요한 일부가 되기 전에는 사람들이 만들어 내는 소음을 처리하기만 하면 되었다. 오늘날에는, 컴퓨터, 프린터 그리고 다른 장비들의 폭넓은 사용이 기계 소음을 더했다. 집단 활동과 교사의 설명이 학습 과정의 필수적인 부분이기 때문에, 사람의 소음 또한 증가했다. 그래서 현대의 학교 도서관은 더는 예전처럼 조용한 구역이 아니다. 그러나 많은 학생들이 조용한 학습 환경을 원하기 때문에, 도서관은 공부와 독서를 위해 여전히 조용함을 제공해야 한다. 도서관 환경에 대한 이러한 요구를 고려해 볼 때, 원치 않는 소음이 제거되거나 적어도 최소한으로 유지될 수 있는 공간을 설계하는 것이 중요하다.

15 다음 주어진 문장이 들어가기에 가장 적절한 곳은?

Some remain intensely proud of their original accent and dialect words, phrases and gestures, while others accommodate rapidly to a new environment by hanging their speech habits, so that they no longer "stand out in the crowd."

Our perceptions and production of speech change with time. (①) If we were to leave our native place for an extended period, our perception that the new accents around us were strange would only be temporary. (②) Gradually, we will lose the sense that others have an accent and we will begin to fit in — to accommodate our speech patterns to the new norm. (③) Not all people do this to the same degree. (④) Whether they do this consciously or not is open to debate and may differ from individual to individual, but like most processes that have to do with language, the change probably happens before we are aware of it and probably couldn't happen if we were.

Answer

15 정답 ④

해석

언어 능력에 대한 우리의 인식과 생성은 시간이 흐름에 따라 변한다. 만약 우리가 오랜 기간 동안 고향을 떠난다면, 우리 주위의 새로운 말씨가 낯설다는 인식은 단지 일시적일 것이다. 점차, 우리는 다른 사람들이 말씨가 있다는 감을 잃을 것이고 어울리며 우리의 말투가 새로운 기준에 맞춰질 것이다. 모든 사람들이 같은 수준으로 이렇게 되는 것은 아니다. 일부는 그들의 원래의 말투, 방언, 관용구 그리고 몸짓을 매우 자랑스러워 하지만 다른 이들은 그들의 언어 습관을 고쳐 빠르게 새로운 환경에 적응하여 더 이상 눈의 띄지 않게 된다. 그들이 의식적으로 이것을 하는지는 논쟁의 여지가 있고 개인에 따라 다를지 모르지만, 언어와 관련된 대부분의 과정에서처럼 우리가 이것을 알기 전에 변화는 발생할지도 모르고 우리가 알고 있다 하더라도 발생하지 않을지도 모른다.

어휘

intensely 강렬하게
dialect 방언
accommodate to ~에 맞추다
proud of ~을 자랑으로 여기는
speech 말투, 언어 능력
stand out in the crowd 눈에 띄다

TIP some – others 대립관계

Pattern 5 내용일치

Point
1 나열
2 분사구문
3 부정어
4 시간 전후 관계
5 비교급 순서
6 숫자

TIP 보기부터 명사 중심으로 밑줄 쳐놓고 지문을 한번에 읽고 정답 고를 것.
보기는 ①, ②, ③ 순서대로 세 개만 판단!

16 다음 글의 내용과 일치하지 않는 것은?

The European discovery of the Americas in 1492 sparked a revolution in pastry making. Sugar and cocoa, brought from the new world, were available in the old world for the first time. Before, the only significant sweetener was honey. Once the new ingredients became widely available, baking and pastry became more and more sophisticated, with many new recipes being developed. By the seventeenth and eighteenth centuries, many of the basic pastries that we know today were being made. The nineteenth century saw the development of modern baking as we know it. After the French Revolution in 1789, many bakers and pastry cooks who had been servants in the houses of the nobility started independent businesses. Artisans competed for customers with the quality of their products. The general public — not just aristocrats and the well-to-do — were able to buy fine pastries.

① 신대륙을 발견하기 이전에는 꿀이 주된 감미료였다.
② 설탕과 코코아의 사용으로 제빵에 새로운 조리법이 개발되었다.
③ 오늘날 우리가 알고 있는 현대적인 빵의 개발은 19세기에 이루어졌다.
④ 프랑스 혁명 이후 많은 제빵사들이 귀족들의 후원으로 사업을 시작했다.

16 정답 ④

해석

1492년에 유럽인들이 아메리카를 발견한 것은 패스트리를 만드는 것에 혁명을 일으켰다. 신대륙에서 들여온 설탕과 코코아를 최초로 구대륙에서 이용할 수 있었다. 예전에, 유일하게 중요한 감미료는 꿀이었다. 일단 새로운 재료가 널리 이용 가능하게 되자 많은 새로운 조리법이 개발되면서 제빵과 패스트리는 점점 더 정교해졌다. 17, 18세기 무렵에, 우리가 오늘날 알고 있는 기본적인 패스트리 중 많은 것이 만들어지고 있었다. 19세기에 우리가 알고 있는 것과 같은 현대적인 빵 굽기의 발전이 있었다. 1789년 프랑스 혁명 이후, 귀족의 집에서 하인이었던 많은 제빵사와 패스트리 만드는 사람들은 독립적인 사업을 하기 시작했다. 기술자들은 그들 제품의 질로 고객들을 유치하려 경쟁했다. 귀족이나 부유한 사람만이 아닌 일반 대중들도 고급 패스트리를 살 수 있었다.

어휘

available 이용 가능한	sophisticated 정교한
independent 독립적인

MEMO

MEMO

MEMO